Emmanuel Piquemal

Ändere dein Leben!

Emmanuel Piquemal

# ÄNDERE DEIN LEBEN!

*Mit Ein-Minuten-Übungen für jeden Tag*

Aus dem Französischen
von Michael Herrmann

HERDER

FREIBURG · BASEL · WIEN

# INHALT

7 Vorwort

8 1 Minute, um alles zu verändern

14 Beginnen Sie bei sich selbst

16 Lernen Sie sich selber kennen

18 Unternehmen Sie etwas

20 Setzen Sie sich präzise Ziele

22 Setzen Sie sich hohe Ziele

24 Organisieren Sie sich

26 Seien Sie enthusiastisch

28 Seien Sie neugierig

30 Erweitern Sie Ihre Grenzen

32 Lernen Sie aus Ihren Fehlern

34 Handeln Sie sofort

36 Handeln sticht heraus

38 Optimieren Sie Ihr Handeln

40 Versuchen Sie es mit dem Ja

42 Sagen Sie eher »Ja« statt »Nein«

44 Bewahren Sie sich stets einen offenen Geist

46 Nutzen Sie das »Treibhaus«

48 Bringen Sie Qualität

50 Arbeiten Sie beharrlich und konstant

52 Denken Sie an sich

54 Hören Sie zu

56 Fragen Sie um Rat

58 Halten Sie durch

60 Trauen Sie sich was

62 Stehen Sie wieder auf

64 Bleiben Sie positiv

66 Nehmen Sie die Dinge an

68 Seien Sie anpassungsfähig

70 Vernetzen Sie Ihren Bekanntenkreis

72 Kommunizieren Sie

74 Lassen Sie los

76 Trauen Sie sich, Sie selbst zu sein

78 Vertreten Sie Wertvorstellungen

80 Hinterfragen Sie sich

82 Mäßigen Sie Ihren Stolz

84 Seien Sie schweigsam

86 Achten Sie auf andere

88 Akzeptieren Sie den anderen

90 Seien Sie mit Ihrem Gewissen im Reinen

92 Schließen Sie sich zusammen

94 Aktivieren Sie das Netz Ihrer Kontakte

96 Der Donnerstag, einmal anders betrachtet

98 Lassen Sie die Zeit für sich arbeiten

100 Nutzen Sie den »Schneeballeffekt«

102 Nutzen Sie die Macht der Gewohnheit

104 Profitieren Sie von den Lebenszyklen

106 Wenden Sie sich an Dritte

108 Leiten Sie Regeln ab

110 Streben Sie nach Ausgeglichenheit

112 Speichern Sie möglichst viele Informationen

114 Seien Sie geduldig

116 Sehen Sie die Dinge nicht zu eng

118 Sprechen Sie wenig, aber effektiv

120 Mäßigen Sie sich

122 Beherrschen Sie sich

124 Geben Sie weiter

126 Geben Sie

128 Seien Sie Vorbild

130 Seien Sie dankbar

132 Kommen Sie auf Ihre Grundlagen zurück

134 Verzeichnis der Kapitel

# VORWORT

*Dies ist kein Buch, sondern ein Stimulans.*

Es wird Sie nicht an der Hand nehmen und Ihnen sagen, was Sie tun müssen. Wenn es das ist, was Sie erwarten, legen Sie es gleich wieder weg! Wenn Sie dagegen selber aktiv handeln möchten, versehen Sie sich mit einem Stift. Diese Anleitung soll Ihnen ermöglichen, Ihr Leben nach Ihren Vorstellungen zu gestalten.
Dieses Buch verzichtet auch auf jeden Schnickschnack. Ob Sie im Bett liegen, in der U-Bahn oder woanders sind: es wird nicht versuchen, Ihrem Intellekt zu schmeicheln, indem es komplizierte Worte verwendet. Es kommt direkt auf den Punkt.

Ich erfinde nichts. Die hier vorgestellten Inhalte und Anregungen sind nicht allein meine: Sie gehören allen und müssen anderen von Nutzen sein. Eignen Sie sich diese für ein paar Wochen an, erproben Sie sie.

Nutzen Sie dieses Buch wie ein wandelndes Versuchslabor, das Ihnen ermöglicht, Ihre Kräfte zu bündeln und zu handeln. Aber auch wenn diese Kenntnisse und Vorstellungen in vielen Fällen nützlich sind, lassen sie sich nicht in jeder Situation anwenden.

Weder dieses Buch noch ich können an Ihrer Stelle tätig werden. Allein Sie können Ihr Lebensumfeld verändern. Wenn Sie wollen, dass sich die Dinge ändern, muss das von Ihnen ausgehen.

Das Folgende passt nicht zu jeder Persönlichkeit. Aber wenn es dieses Buch bis in Ihre Hände geschafft hat, dann nicht aus Zufall. Entweder haben Sie diese Art von Werk gesucht oder man dachte, es könne Ihnen helfen, als man es Ihnen gab.

*Die Frage ist nun: Sind sie bereit zu handeln?*

# I MINUTE, UM ALLES ZU VERÄNDERN

*Gebrauchsanleitung*

Dieses Buch ist wie ein antreibender Motor, für Sie geschrieben.

*Es hat drei Ziele, und zwar soll es…*

► … Ihren Wunsch zu handeln anregen, indem es Ihnen eine Starthilfe bietet.

► … Sie Zeit gewinnen lassen: Es genügt, eine einzige Seite zu lesen, um mehrere Ideen entstehen zu lassen, die IHNEN ähnlich sind.

► … Ihnen ermöglichen, Ihre Ideen gleich im Buch zu skizzieren, um nichts zu vergessen.

Halten Sie es stets zur Hand, denn man weiß nie, wann einem eine Idee kommt! Nehmen Sie gleich einen Stift und tragen Sie ihn überall bei sich: in der U-Bahn, im Auto, bei der Arbeit, beim Spaziergang oder zu Hause.

## UM DAMIT ZU ARBEITEN, WÄHLEN SIE EIN KAPITEL AUS UND FOLGEN DEN DREI NACHSTEHENDEN SCHRITTEN:

1. Lesen Sie das Kapitel.

2. Stellen Sie die darin präsentierte Idee Ihrem Privat- oder Berufsleben gegenüber.

3. Schreiben, zeichnen Sie, was Ihnen dazu einfällt.

Sie können das Buch in beliebiger Abfolge lesen, in der Reihenfolge des Buches oder entsprechend den Inhalten, die Sie momentan mehr beschäftigen. Sie können jetzt oder in ein paar Jahren darüber nachdenken, es wird immer von Nutzen sein.

*… möchten sich entfalten?*

*… möchten Ihr Leben verbessern?*

*… möchten, dass sich Ihr Umfeld entwickelt,
wie Sie es sich wünschen?*

Wie auch immer Ihre persönliche oder berufliche Situation aussieht, …

## DER BOOSTER HILFT IHNEN ZU HANDELN.

Wenden Sie die Ideen, die Ihnen kommen werden, im Alltag an und teilen Sie sie mit Ihren Nächsten, Freunden oder Kollegen. Wetten, dass sich Ihr Umfeld dadurch entwickelt?

Haben Sie Vertrauen zu sich. Die hier vorgestellten Kenntnisse und Vorstellungen sind die Ansatzpunkte, die es ermöglichen, das in Ihnen Liegende zutage zu fördern und zu erkennen, was aus Ihnen werden kann. Sie sind wertvoll. Je mehr Sie nachdenken und handeln, desto wertvoller werden Sie. Der wahre Reichtum liegt nicht in diesem Buch, sondern in Ihnen. Dieses Buch ist nur ein Werkzeug zu Ihrer Verfügung. Lassen Sie Ihren Ideen und Gedanken freien Lauf, schreiben Sie sie auf und setzen Sie sie um.

## (DAS LABOR)

Dieses Buch ist ein Labor. Sie sind Ihr eigenes Labor. Testen Sie
Verhaltensweisen, ändern Sie Ihre Gewohnheiten im Nu und
beobachten Sie die Folgen in Ihrer Umgebung und bei Ihnen
selbst. Versuchen Sie es mit Aktivitäten, die Ihnen nie in den
Sinn gekommen wären, beobachten Sie, was sich daraus ergibt
und halten Sie in diesem Heft fest, wie es Ihr Leben bereichert.
Notieren Sie nichts Negatives: Behalten Sie nur das Positive
dieser Experimente!

Sie haben allen Handlungsspielraum, um an sich zu arbeiten:
Sie sind ein wandelndes Labor! Und Ihr Umfeld ist es ebenso.
Erproben Sie Ihre Ideen an sich selbst und an ihm!

## WELCHE ERFAHRUNG HABEN SIE ZULETZT IN IHREM LABOR GEMACHT?

ZU ERPROBENDE IDEEN,
ZU ERLEDIGENDES:

FOLGENDES HAT ES
MIR GEBRACHT:

# BEGINNEN SIE BEI SICH SELBST

In vielen Kulturen wird großer Wert darauf gelegt, dass sich der Mensch auf sich selbst besinnt. Oft versuchen wir, unsere Umgebung zu verändern, indem wir Elemente außerhalb unserer selbst umgestalten: Arbeit, Lebensweise etc. Wenn wir jedoch einen tiefgreifenden Wandel unserer Umgebung erfahren wollen, müssen wir solch einen Wandel zunächst in uns selbst vornehmen.

Sie können den Test in Ihrem eigenen Leben machen: zu Hause, im Berufsleben oder in der Freizeit. Verändern Sie gewisse Gewohnheiten, die Sie bislang hatten, und schauen Sie sich die Ergebnisse an. Wir gestalten unsere Umgebung.

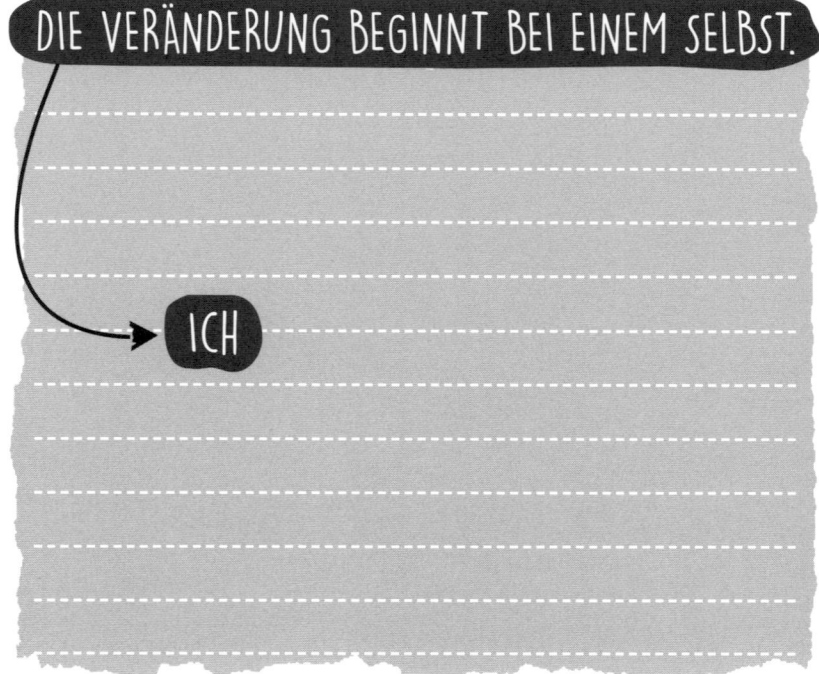

DIE VERÄNDERUNG BEGINNT BEI EINEM SELBST.

ICH

## FOLGENDES SÄHE ICH GERNE VERÄNDERT:

➤ *Mich besser fühlen in der Familie, bei der Arbeit, mit ...*

---
---
---
---
---
---
---

## FOLGENDES WERDE ICH IN MIR UND MEINEM VERHALTEN ÄNDERN:

➤ *Offener sein, mich für andere interessieren und aufmerksam zuhören...*

---
---
---
---
---
---
---
---

# LERNEN SIE SICH SELBER KENNEN

Die meisten Weisen dieser Welt, ob aus Asien, Südamerika oder von woanders her, legen Wert auf die Arbeit an sich selbst als Bestandteil eines guten und glücklichen Lebens. Man muss sich damit befassen, wenn man vorankommen und es weit bringen möchte. Beobachten Sie sich selbst beim Interagieren mit Ihrer Umgebung; notieren Sie Ihre Reaktionen, Gesten etc., wenn man mit Ihnen spricht oder wenn Sie persönliche oder berufliche Schwierigkeiten haben.

Wesentlich ist, auf dem Weg zu sein. Und das Wichtigste ist, es zu schaffen, auf dem Weg zu bleiben. Es gelingt Ihnen nicht immer? Das ist normal, weil diese Praxis ein ständiges Sich-Bemühen erfordert. Früher oder später kommen Sie wieder auf den Weg! Achten Sie trotzdem darauf, regelmäßig an sich zu arbeiten. Sie werden immer stärker mit sich im Einklang sein und Ihr Leben wird sich dadurch nur angenehmer gestalten.

## SICH SELBST ZU KENNEN ERMÖGLICHT ES, SEIN LEBEN ZU VERBESSERN.

## IN DIESER SITUATION,...

*... wenn mich jemand kritisiert*

## REAGIERE ICH...

*... beleidigt.*

# UNTERNEHMEN SIE ETWAS

Etwas zu unternehmen ist wie Gehen: Wenn man nichts tut, kommt man nicht voran. Umgekehrt kommt man voran, sobald man etwas unternimmt! Wenn Sie diese Worte lesen, unternehmen Sie bereits etwas. Machen Sie weiter! Führen Sie Neuerungen ein! Etwas hält Sie zurück? Nehmen Sie einen Stift und notieren Sie in einer Spalte, was Sie bremst, und in einer anderen Spalte vor allem die möglichen Lösungen.

Sie haben schon etwas Bestimmtes vor? Das können Sie in mehrere Abschnitte unterteilen und sofort mit dem ersten beginnen. Sie können auch zurückschauen und betrachten, was Sie bereits erreicht haben, um sich zu ermutigen, mit Ihren Bemühungen fortzufahren. Schließlich können Sie sich auch mit anderen zusammentun, um etwas zu unternehmen: Wetteifer ist eine antreibende Kraft!

## VON NICHTS KOMMT NICHTS!

*Nach Brasilien fahren.*

---

**HEMMNISSE:**

*Ich bin nicht fähig,
mich zu organisieren.*

**LÖSUNGEN:**

*Ein Buch über
Organisation kaufen*

# SETZEN SIE SICH PRÄZISE ZIELE

Wenn man etwas unternimmt, ist es wichtig, sich präzise – persönliche oder berufliche – Ziele zu setzen, weil man wissen muss, wohin es geht. Dies ermöglicht uns, klar zu definieren, wie wir es schaffen. Andernfalls laufen wir Gefahr, uns zu verirren, zu verzetteln etc.

Ein wenig ist es, wie ein Ziel beim Bogenschießen: Wenn man es nicht genau anvisiert, hat man kaum eine Chance, es zu treffen.

MACHEN SIE SICH GENAU KLAR, WOHIN ES GEHEN SOLL.

## IN EINEM MONAT MÖCHTE ICH...

## IN SECHS MONATEN MÖCHTE ICH...

*... meinen Motorradführerschein haben.*

## IN EINEM JAHR MÖCHTE ICH...

*... einen halben Tag pro Woche frei haben.*

# SETZEN SIE SICH HOHE ZIELE

Im Alltag neigt man unter Umständen dazu, sich Ziele unterhalb des eigenen Potenzials zu setzen. Strecken Sie sich nach der Decke. Lassen Sie sich nicht durch Befürchtungen einschränken. Analysieren Sie die Quellen eines möglichen Misserfolgs, sorgen Sie für einen Plan B, setzen Sie sich dann präzise und erreichbare Ziele und vertrauen Sie Ihrem Potenzial.

Ist das Ziel einmal festgesetzt, fassen Sie es ins Auge und denken Sie nicht mehr an den Misserfolg. Es ist wie im Auto: Man muss den Blick in die Ferne richten, wo man hinwill, und nicht auf das Hindernis, sonst fährt man geradewegs hinein.

STECKEN SIE SICH HOHE ZIELE!

WAS MICH HOCHZIEHT

HÖHERES ZIEL

Erneutes Bewerten
meines Ziels

Bücher lesen

Personen treffen, die das Ziel erreicht
haben, das ich mir gesetzt habe

Meine Grenzen erweitern

Mich mit einem Freund/
einer Freundin austauschen

AUSGANGSZIEL

# ORGANISIEREN SIE SICH

Will man rasch und gut vorankommen, muss man sich organisieren. Das braucht am Anfang etwas Zeit, aber man wird danach rasch schneller. Dank einer guten Organisation lässt sich alles optimieren. Selbst die eventuellen Überraschungen können berücksichtigt werden.

Nehmen Sie sich Zeit, um die zukünftigen Ereignisse vorauszusehen, zu sortieren und zu organisieren. Ist diese Etappe – die länger als vorgesehen dauern kann – erst einmal abgeschlossen, wird es einfacher, die Umsetzung der Ziele zu managen. Beginnen Sie damit, stets ein Notizbuch oder ein Smartphone bei sich zu haben, um Ihre Ideen oder Kontakte festzuhalten.

## MEIN GESAMTZIEL:

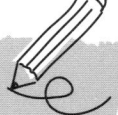

> *Mich entfalten, den Arbeitsplatz wechseln...*

## ORGANISIEREN SIE SICH SOFORT.

## ZU ERLEDIGEN:

➤ *Mich in Büchern wie … kundig machen*
 *Im Umfeld mit … sprechen*

## KONTAKTE, DIE ICH BRAUCHE:

➤

## DAS ERSTE, WAS ICH AB HEUTE MACHE:

➤

# SEIEN SIE ENTHUSIASTISCH

Als Kinder geraten wir über Kleinigkeiten in Verzückung. Mit dem Alter neigen die meisten von uns dazu, ihre Fähigkeit zur Begeisterung für kleine Dinge zu verlieren, selbst wenn sich Gutes abzeichnet.

Wann waren Sie zum letzten Mal begeistert? Dieser unaufdringliche Enthusiasmus ist ein verlorener Vorteil, denn er ist kommunikativ und kann Ihr Umfeld leicht motivieren!

## FOLGENDES BEGEISTERT MICH:

*Ein neues Projekt haben; neue Menschen kennenlernen...*

## ENTHUSIASMUS IST EIN STARKER MOTOR.

# SEIEN SIE NEUGIERIG

Es ist wichtig, neugierig zu sein und sich für alles zu interessieren, angefangen mit den Menschen Ihrer Umgebung. Eine momentan unbedeutende Information kann sich etwas später oder gar nach Jahren für Sie wie für jemand anderen als wichtig erweisen! Ein Freund spricht mit Ihnen über ein Thema, das Sie nicht kennen: Stellen Sie Fragen, versuchen Sie, mehr darüber herauszufinden, indem Sie in Büchern nachschauen, im Fernsehen darauf achten, im Internet suchen, Fachleute kontaktieren etc.

Die Idee ist, regelmäßig über ein unbekanntes Thema zu diskutieren.

## DIESE WOCHE INTERESSIERE ICH MICH FÜR...

*... ein Buch über menschliche Beziehungen*
*... das, was mir gestern jemand erzählt hat*

ERWEITERN SIE IHRE INTERESSENSCHWERPUNKTE.

# ERWEITERN SIE IHRE GRENZEN

Jeder von uns ist in einem Umfeld aufgewachsen, das ihn mehr oder weniger konditioniert hat, und wir haben uns nach und nach Grenzen gesetzt. Stützen Sie sich auf das, was Ihre Umgebung Ihnen beigebracht hat, nehmen Sie dann Abstand, befreien Sie sich davon, denken Sie auf Ihre eigene Weise und handeln Sie so, wie Sie es für richtig halten.

Die Anregungen in diesem Buch sollen Ihnen ebenso dabei helfen, Ihr Potenzial zu fördern, ohne Ihnen dabei ein festes Muster aufzuzwängen. Sie haben nämlich einen enormen Vorteil gegenüber den anderen: Diese sind nicht Sie!

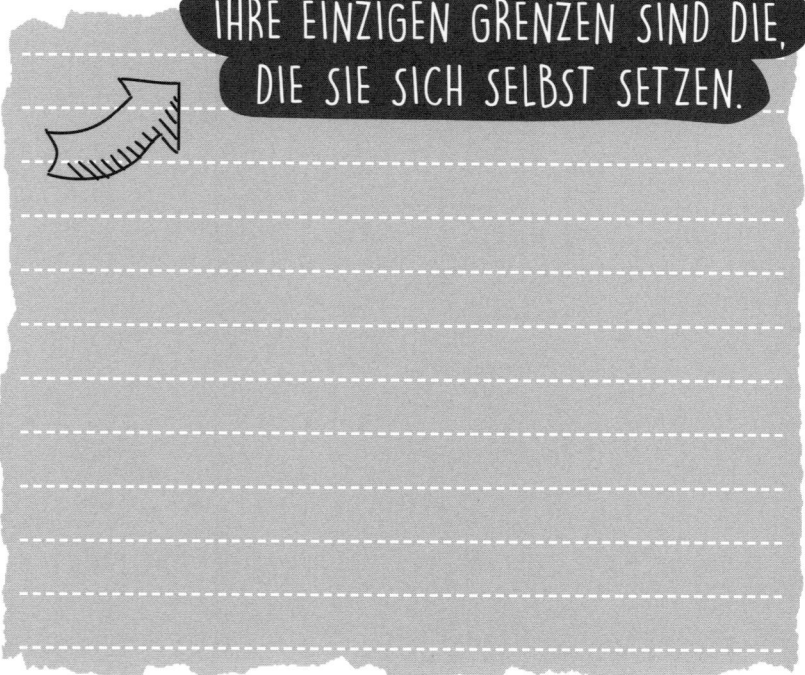

IHRE EINZIGEN GRENZEN SIND DIE, DIE SIE SICH SELBST SETZEN.

# DIE GRENZEN, DIE ICH MIR SELBST SETZE, SIND...

... zu glauben, ich könne kein eigenes Unternehmen gründen.

... diese familiäre Situation zu klären.

# LERNEN SIE AUS IHREN FEHLERN

Wir alle machen Fehler. Man muss sie als Erfahrungen, als Gelegenheiten zum Lernen, als Sprungbrett betrachten. Entweder Sie geben auf oder Sie krempeln die Ärmel hoch und schreiten voran.

Ein Fehler kann den Stolz verletzen. Lassen Sie ihn beiseite, in diesem Fall hält er Sie nur auf. Sich kennenzulernen braucht Zeit, sich zu verbessern auch. Indem Sie auf Ihre Fehler achten und jedes Mal daraus lernen, werden Sie sich rasch entwickeln.

## LERNEN SIE VOR ALLEM AUS IHREN ERFAHRUNGEN

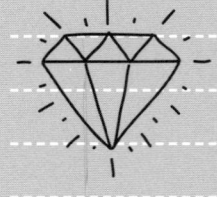

KÜRZLICH HABE ICH FOL-
GENDEN FEHLER GEMACHT:

DARAUS HABE
ICH GELERNT:

# HANDELN SIE SOFORT

Sie haben fünf Minuten oder eine Stunde vor sich: Morgen haben Sie sie vielleicht nicht. Warum also Ihre Zeit nicht nutzen? Da können Sie auch gleich handeln. Morgen können Sie zu etwas anderem übergehen und… Zeit gewinnen!

Später sind Sie vielleicht nicht mehr so motiviert. Letztlich geht es hier und jetzt um Ihre Zukunft. Indem Sie ab heute handeln, gestalten Sie das Morgen.

**VERLIEREN SIE KEINE ZEIT, SIE WERDEN ZEIT GEWINNEN!**

## HEUTE WERDE ICH...

☒ ... mich zum Tanzkurs anmelden..

☒ ... mir ein Buch über Segeln kaufen.

○

○

○

○

○

○

# HANDELN STICHT HERAUS

Ab dem Augenblick, in dem Sie handeln, stechen Sie insofern aus der Menge hervor, als Sie sich von denen abheben, die nicht handeln. Sie machen also auf sich aufmerksam. Dabei setzen Sie sich Komplimenten genauso aus wie Eifersucht und Kritik. Das ist eine Gegebenheit, die einem gegenwärtig sein muss.

Für eine Handlung, die Sie vornehmen, können Sie ebenso gut 100 Mal kritisiert werden wie 100 Komplimente bekommen. Das heißt, die Handlung selbst zählt aus einer gewissen Sicht heraus nur wenig und das Urteil hängt hauptsächlich von den Anwesenden ab. Diese Reaktionen sind daher nicht unbedingt persönlich zu nehmen, auch wenn man sie berücksichtigen muss.

STEHEN SIE ÜBER DEN KRITIKERN!

WIE ICH MICH LETZT-
LICH EXPONIERT HABE:

WAS ICH DARAUS
MITGENOMMEN HABE:

# OPTIMIEREN SIE IHR HANDELN

Vieles, was zu tun ist, braucht nur eine oder zwei Minuten: jemanden anrufen, um sich über den Fortgang eines Projekts zu vergewissern, sich bei einem Freund nach Neuigkeiten erkundigen, eine Planung überprüfen… Diese Aufgaben lassen sich zwischen zwei Terminen oder bevor man einen Kaffee trinkt etc. erledigen.

Sie müssen Ihr Handeln optimieren: Verlieren Sie sich nicht in Überflüssigem, auf die Gefahr hin, die Information zu verwässern. Gewöhnen Sie sich an, in ein paar Worten zusammenzufassen, was Sie früher in mehreren Sätzen gesagt haben. Ihre Gesprächspartner werden sich besser merken, was Sie sagen. Am Schluss Ihres Austauschs können Sie sich etwas Zeit nehmen, um sich zu vergewissern, dass sie alles verstanden haben.

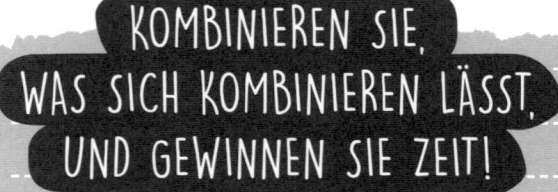

KOMBINIEREN SIE, WAS SICH KOMBINIEREN LÄSST, UND GEWINNEN SIE ZEIT!

## OPTIMIEREN WERDE ICH...

*... meine Vormittage, ...*

*... die Organisation meines Reisevorhabens, ...*

## ...INDEM ICH...

*... einen Terminplaner kaufe.*

*... genauer plane.*

# VERSUCHEN SIE ES MIT DEM JA

Sie haben eine Gelegenheit und fragen sich: Soll ich handeln oder nicht, soll ich mich an diese Person wenden etc. Wie hoch ist die Wahrscheinlichkeit, dass es Erfolg hat, was ich da unternehme? Ist die Wahrscheinlichkeit, dass mir meine Bitte abgeschlagen wird, hoch oder nicht?

In welcher Situation auch immer Sie sich befinden, die Zukunft wird immer auf Hypothesen beruhen. Beseitigen Sie diese Annahmen, so gut es geht, blicken Sie auf und handeln Sie. Nichts zu tun, bedeutet bereits, sich ein »Nein« abzuholen. Versuchen Sie es, dann sehen Sie ja, ob Sie ein »Ja« bekommen. Eine sichere Antwort ist besser als eine Vermutung.

## IN FOLGENDEN PUNKTEN:

… *Arbeiten in der und der großen Gruppe*
… *die und die Person kontaktieren.*

# ICH VERSUCHE ES MIT DEM »JA«.

*Morgen, per Post, in einer Woche…*

**VERSUCHEN SIE STETS, DAS MAXIMUM ZU ERREICHEN.**

# SAGEN SIE EHER »JA« STATT »NEIN«

Manchen fällt es schwer, auf Vorschläge mit »Ja« zu antworten. Man kann versucht sein, »Nein« zu sagen aus Faulheit, aus Furcht, es nicht zu schaffen, oder weil man nicht unbedingt sieht, wohin etwas führen soll.

»Ja« zu sagen, erlaubt es hingegen, das Feld der Möglichkeiten offen zu halten. So kann zum Beispiel ein Ausweg, den man akzeptiert, in eine Begegnung oder ein Projekt münden. Die möglichen Aussichten eines »Ja« lassen sich nicht vorhersagen. Selbst wenn es nicht immer leichtfällt, »Ja« zu sagen, können wir antworten: »Ja, warum nicht, ich werde darüber nachdenken!« Wesentlich ist, die Tür offen zu halten. Das Leben ist reicher, wenn Sie sich Vorschlägen öffnen!

**SAGEN SIE »JA« UND SCHAUEN SIE, WOHIN SIE DAS FÜHRT!**

# AUF DIE FOLGENDEN VORSCHLÄGE WERDE ICH MIT »JA« ANTWORTEN:

▶ *Auf diese Abendveranstaltung gehen,*
  *wo ich nur den und den kenne*

# BEWAHREN SIE SICH STETS EINEN OFFENEN GEIST

Seien Sie stets offen für die Interessenschwerpunkte anderer, weil Sie nicht wissen, wann sich Ideen oder Begegnungen ergeben können. Achten Sie darauf, was um Sie herum gesprochen wird, weil dies zu fantastischen Projekten führen kann.

Mit zunehmender Erfahrung neigt man unter Umständen dazu, sich zum Beispiel in Bezug auf den eigenen Kompetenzbereich nach und nach gegenüber den Ideen anderer zu verschließen. Seien Sie stets bereit, Verknüpfungen zwischen Ihnen, Ihrer Geschichte und Ihrer Umgebung herzustellen.

EIN OFFENER GEIST IST EINE QUELLE DER KREATIVITÄT.

## IN DEN KOMMENDEN TAGEN WERDE ICH MEINE AUFMERKSAMKEIT RICHTEN AUF...

*... das, was der und der mir gesagt hat.*
*... die Sendung, die ich letztens gesehen habe.*

# NUTZEN SIE DAS »TREIBHAUS«

Eine Idee ist wie ein Samenkorn. Ist sie gut, genügt es, sie auszusäen, damit sie gedeiht. Um genauer zu sein: Eine Idee ist wie eine Vielzahl von Körnern, weil Sie sie bei mehreren Personen (oder an mehreren Orten) zugleich aussäen können. Je nach dem Boden, der sie aufnimmt, werden sie entsprechend wachsen. Verbreiten Sie Ihre Ideen unter Ihren Mitmenschen, damit sie dort weiter wachsen wie in einem Treibhaus. Daraus können sogar noch bessere Ideen hervorgehen! Ihre Familie, Ihre Freunde und Freundinnen, Ihre Arbeitskolleginnen und -kollegen und die Menschen in Ihrer Freizeit sind ein Schatz, denn sie können Ihnen bei Ihren Vorhaben helfen.

SÄEN SIE IHRE IDEEN AUS, SIE WERDEN GUTE ERNTEN HABEN!

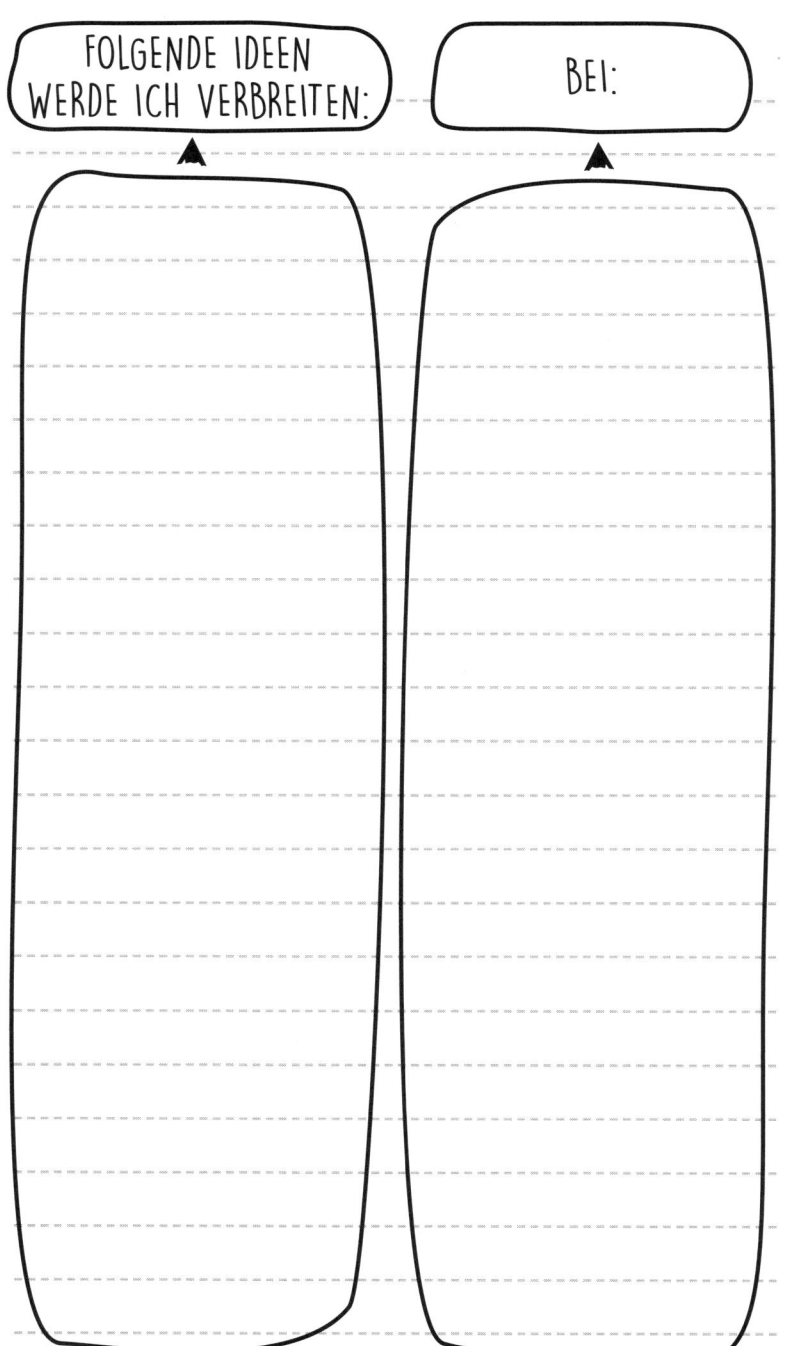

FOLGENDE IDEEN
WERDE ICH VERBREITEN:

BEI:

# BRINGEN SIE QUALITÄT

Die westliche Gesellschaft neigt zur Produktion von Einmalartikeln. Das wird uns zur Gewohnheit und geht in unsere Mentalität über. Fotoapparate, Dinge zum einmaligen Gebrauch: Alles wird wegwerfbar, selbst Beziehungen.

Gibt es in dieser Kultur Raum für qualitativ Wertvolles? Es scheint, als käme es nach und nach zu einer Renaissance von Qualität, einem Streben nach Qualität statt Quantität: ökologische Ernährung, nachhaltige Entwicklung etc. Und Sie: Sind Sie eher für Wegwerfbares oder für Qualität?

BEVORZUGEN SIE QUALITÄT VOR QUANTITÄT.

# ICH BEVORZUGE QUALITÄT...

→ ... bei meiner Arbeit.

... beim Origami.

# ARBEITEN SIE BEHARRLICH UND KONSTANT

Die Arbeit ist ein wichtiger Teil Ihres Lebens. Man muss sich immer wieder ans Werk machen, das ist unumgänglich, damit die Dinge vorankommen. Arbeitet man dagegen nur schubweise, stagnieren die Projekte. Nur kontinuierliche Arbeit bringt einen »Dampfwalzen«-Effekt, der einen weit kommen lässt.

Aber wie auf den Tag die Nacht und auf die Woche der Sonntag folgt, sollten Sie sich in Ihrem Rhythmus durch Ruhezeiten schonen. Wir alle brauchen Zeit zur Erholung als Gegengewicht zu Zeiten der Anstrengung. Diese Zeiten sind wichtig, denn sie ermöglichen Ausdauer, etwa um Ideen reifen zu lassen.

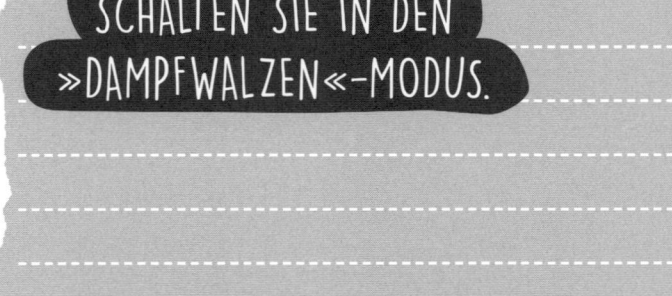

SCHALTEN SIE IN DEN »DAMPFWALZEN«-MODUS.

ARBEITSZEITEN UND TÄTIGKEIT:

FREIZEIT UND IHRE AKTIVITÄTEN:

# DENKEN SIE AN SICH

Sie sind wichtig. In Ihrem Leben sind Sie der Hauptakteur.
Also: Denken Sie an sich. Haben Sie sich vielleicht vom Strom
des Lebens treiben lassen? Wenn ja, definieren Sie, was Ihnen am
wichtigsten ist. Lassen Sie niemanden Ihr Leben steuern.

Wo möchten Sie in 10, 20, 40 Jahren sein und was möchten Sie
dann tun? Wer hindert Sie daran, Sie selbst zu sein? Zentrieren
Sie sich wieder auf sich selbst. Haben Sie den Mut, sich Rechen-
schaft über Ihr Leben abzulegen. Entspricht es Ihren Wünschen?
Ist es so, wie Sie es haben wollten?

FOLGENDES TUE ICH
FÜR MICH:

FOLGENDES TÄTE ICH
GERN FÜR MICH:

# HÖREN SIE ZU

Wenn wir hören, wie zwei Menschen mehr oder weniger heftig über etwas diskutieren, stellen wir oft fest, dass sie Vorstellungen oder Argumente austauschen, ohne sich wirklich zuzuhören, ohne die Darlegungen der anderen Person zu beachten. Es ist daher eher wie bei einer Partie Tennis, bei der man sich gegenseitig Begriffe zurückwirft, als wie bei einem echten Dialog.

Vergessen Sie sich für ein paar Minuten und befragen Sie Ihren Gesprächspartner, um ihn besser zu verstehen: Manchmal lässt sich dadurch sogar Zeit gewinnen. Wir haben stets etwas zu lernen, über uns selbst, über die anderen oder über Konzepte.

NEHMEN SIE SICH ZEIT, DEN ANDEREN ZUZUHÖREN.

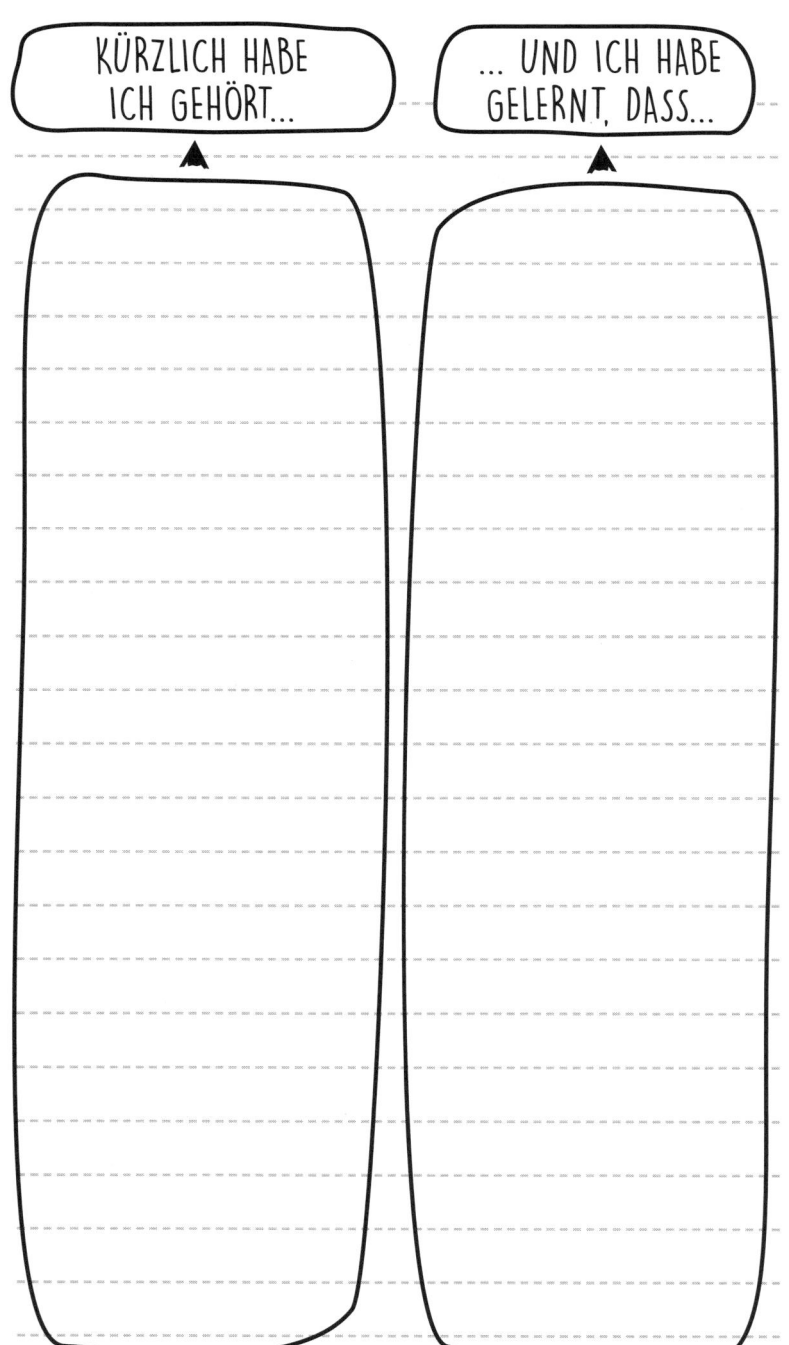

KÜRZLICH HABE ICH GEHÖRT...

... UND ICH HABE GELERNT, DASS...

# FRAGEN SIE UM RAT

Lassen Sie die anderen für sich arbeiten! Stützen Sie sich auf sie, denn sie haben Zeit damit verbracht, Kenntnisse zu sammeln. Spannen Sie sie für sich ein, statt jedes Mal, wenn Sie ein neues Gebiet betreten, wieder bei null anzufangen.

Unabhängig vom jeweiligen Bereich stoßen wir stets auf Menschen, die darin besser bewandert sind. Lassen Sie Ihren Stolz beiseite und fragen Sie um Rat. Damit gewinnen Sie Zeit und umschiffen gewisse Klippen. Dazu gehört Bescheidenheit, denn so zeigt man, dass man es nicht besser weiß.

**GEWINNEN SIE AN EFFEKTIVITÄT, INDEM SIE IHRE UMGEBUNG UM RAT FRAGEN.**

## MEIN VORHABEN:

_____

_____

_____

_____

_____

_____

_____

_____

## HELFEN KÖNNEN MIR:

○ _____

○ _____

○ _____

○ _____

○ _____

# HALTEN SIE DURCH

Ein Fehlschlag? Eine Verlangsamung? Ist nicht schlimm: Über-
prüfen Sie gegebenenfalls Ihre Strategie, aber setzen Sie Ihre
Bemühungen fort (es sei denn, die Sache ist verloren, natürlich).
Man muss wieder Mut fassen, arbeiten und Lösungen finden:
Bleiben Sie dran. Unliebsame Überraschungen gibt es überall.

Hindernisse dürfen Sie nicht aufhalten, handeln Sie für sich
selbst, für Ihre Familie, Ihre Umgebung, Ihren Beruf. Aus einem
Hindernis gibt es stets etwas zu lernen. Und selbst wenn wir unser Ziel nicht ganz genau erreichen, lernen wir bei dem Versuch
doch eine Menge.

AUSDAUER IST EIN SCHLÜSSEL
ZUM ERFOLG.

## KÜRZLICH HABE ICH ERLEBT:

*Einen Umsatzrückgang in meinem Unternehmen*

*Probleme bei den Arbeiten an meinem Haus*

## ICH HABE ES VERKRAFTET DANK...

*... der Ratschläge meines Buchhalters.*

*... meiner Fähigkeit, positiv zu denken.*

# TRAUEN SIE SICH WAS

Das ist ein Geisteszustand. Man muss etwas wagen, darf sich nicht davor fürchten, etwas zu unternehmen. Wenn Sie wirklich möchten, dass sich Ihre Situation ändert, werden Sie diese Furcht überwinden. Das Leben ist nicht immer leicht und genau da ist ein kämpferisches Temperament von Wert.

Im Bereich der persönlichen Entwicklung heißt es immer, jede/r sei imstande, Ratschlägen zu folgen. Wenn Sie dieses Buch in der Hand haben, heißt das, Sie sind wirklich zu Veränderungen fähig.

## IN BEZUG AUF DAS ZIEL, ...

… mein eigenes Unternehmen zu gründen, …

… meine Lebensweise zu ändern, …

## ...HABE ICH...

… ein Buch über Unternehmensgründung gekauft.

… Kontakt zu dem und dem aufgenommen.

**KÄMPFEN SIE FÜR DAS, WAS IN IHREN AUGEN WICHTIG IST.**

# STEHEN SIE WIEDER AUF

Ein harter Schlag? Ein Trauerfall? Sie mögen betrübt sein, unter Umständen brauchen Sie Zeit, um sich wieder zusammenzuraffen: gut. Aber stehen Sie wieder auf. Wer sich wieder aufrichtet, dem bringt das Leben stets gute Dinge. Das kann seine Zeit dauern, aber Ihr Zustand wird sich verändern, so wie die Natur nach einem verheerenden Tornado sich wieder erholt.

Denken Sie daran, dass die Sonne immer über uns steht, selbst wenn sie öfters von Wolken verdeckt wird. Warten Sie nicht darauf, dass die Wolkendecke aufreißt, um sich zu erheben.

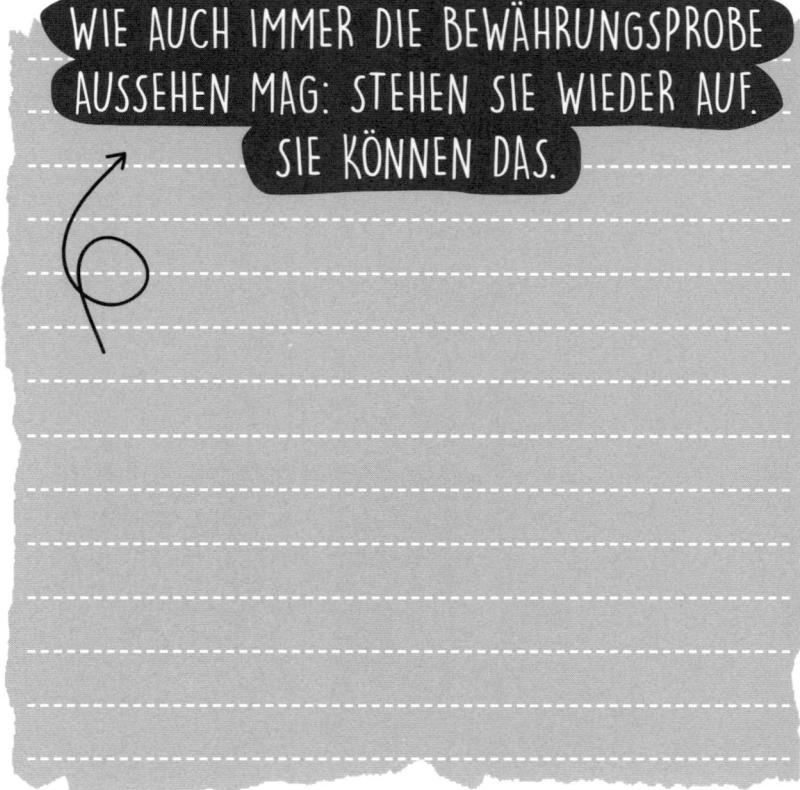

**WIE AUCH IMMER DIE BEWÄHRUNGSPROBE AUSSEHEN MAG: STEHEN SIE WIEDER AUF. SIE KÖNNEN DAS.**

BEI DER FOLGENDEN
BELASTUNGSPROBE...

...HABE ICH MICH
GESTÜTZT AUF...

# BLEIBEN SIE POSITIV

Auch wenn es nicht immer leichtfällt, muss man darauf achten, positiv zu bleiben. Positiv zu sein, heißt nicht, seinen Schmerz oder seine Trauer zu unterdrücken oder Fehlschläge zu ignorieren. Positiv zu sein heißt, Abstand zu nehmen, klar zu bleiben und das Ideal, das man erreichen möchte, im Kopf zu behalten.

Positiv zu bleiben bringt einen dazu, den Enthusiasmus zu wahren, weit vorauszuschauen und trotz Widrigkeiten in die Zukunft zu schreiten. Es ist eine mächtige Quelle der Inspiration. Manche würden sagen: »Man muss den Kurs halten!«

BETRACHTEN SIE DAS GLAS ALS HALBVOLL.

... Auslaufen des Arbeits-
losengeldes...

... gedrückte Stimmung...

... einen neuen Beruf
ergreifen.

... beschwingte Melodien
pfeifen.

# NEHMEN SIE DIE DINGE AN

Je mehr Widerstand Sie gegen das Geschehen leisten, desto mehr leiden Sie und desto mehr verlieren Sie Zeit. Am besten kommt man voran, wenn man keinen Widerstand dagegen leistet, was einem das Leben auferlegt. Es gibt Dinge, auf die wir Einfluss haben, und Dinge, die uns nicht zustehen.

Seneca sagt: »Den Willigen führt das Schicksal, den Unwilligen zerrt es dahin.« Die Frage, die man sich stellen muss, lautet demnach: Warum wehre ich mich gegen das, was mir geschieht?

AKZEPTIEREN SIE, WAS NICHT ZU ÄNDERN IST.

## GEGEN FOLGENDES EREIGNIS HABE ICH MICH GEWEHRT:

*Annullierung meines Fluges auf die Antillen*

...

## ...UND ES SCHLIEßLICH AKZEPTIERT, WEIL...

*... ich davon profitiere, indem ich zu Hause kleinere Arbeiten durchführe.*

...

# SEIEN SIE ANPASSUNGSFÄHIG

Einer der Überlebensfaktoren des Menschen ist seine Anpassung an seine Umwelt. Das Anpassungsvermögen ist eine große Qualität: Sie regt zu Begegnungen und zum Dialog mit zahlreichen Personen an sowie zu unterschiedlichen Erfahrungen. Sie erlaubt es auch, erfolgreich aus schwierigen Situationen herauszukommen und sie zu überstehen.

Wie kann man sein Anpassungsvermögen unter Beweis stellen? Werden Sie sich zunächst einmal über die Charakteristika des Umfeldes und der Sie umgebenden Personen klar. Schauen Sie dann, was Sie tun können, um adäquat auf diese Umgebung zu reagieren.

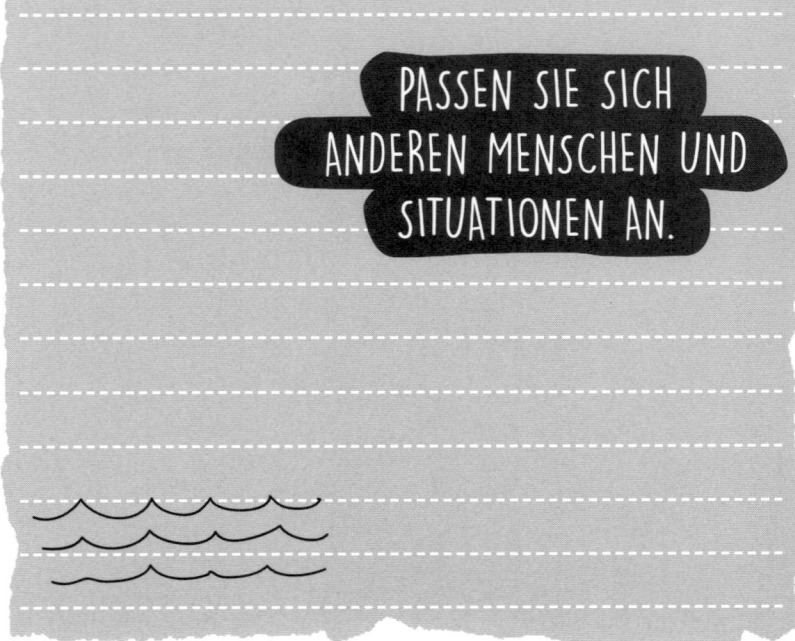

PASSEN SIE SICH ANDEREN MENSCHEN UND SITUATIONEN AN.

## NACH FOLGENDEM EREIGNIS, ...

*Jemand hat mich geärgert.*

## ... WERDE ICH, UM MICH ANZUPASSEN, ...

*... zu verstehen versuchen, was er mir gesagt hat, und Abstand nehmen.*

# VERNETZEN SIE IHREN BEKANNTENKREIS

Wir ermuntern Sie, die Personen, die Sie kennen, miteinander in Kontakt zu bringen und mit ihnen zu teilen, was Sie zum Beispiel in einem Buch oder woanders gelesen haben und was sie interessieren und betreffen könnte. Es genügt, anzurufen, eine SMS zu schicken oder einen Kaffee zu trinken: Das kostet Sie fast nichts.

Aus diesen Annäherungen kann ein Projekt, eine Begegnung oder eine Idee hervorgehen. Und selbst wenn dies letztlich nicht das primäre Ziel ist, könnten Ihnen dieselben Aufmerksamkeiten zuteilwerden und Sie könnten von positiven Auswirkungen profitieren.

**ICH WERDE ... MIT ... IN KONTAKT BRINGEN.**

BRINGEN SIE DIE MENSCHEN IN IHRER UMGEBUNG ZUSAMMEN.

# KOMMUNIZIEREN SIE

Kein Lebewesen kann ohne Austausch mit seiner Umwelt leben. Das ist lebenswichtig, ja sogar ein Prinzip des Lebens. So ist auch das Zirkulieren von Informationen auf allen Ebenen einer Gesellschaft von Vorteil. Es erhöht die Kreativitätspotenziale, fördert das Entstehen von Ideen und begünstigt die Entfaltung einer jeden Person.

Was haben Sie zuletzt getan, um mit Ihnen Nahestehenden oder mit Ihren Kolleginnen und Kollegen zu kommunizieren?

## UM MEINE KOMMUNIKATION ZU VERBESSERN, WERDE ICH...

*... mein Adressbuch auf den neuesten Stand bringen.*

*... in meiner Planung Zeitfenster dafür schaffen.*

## ICH WERDE MICH ERKUNDIGEN NACH...

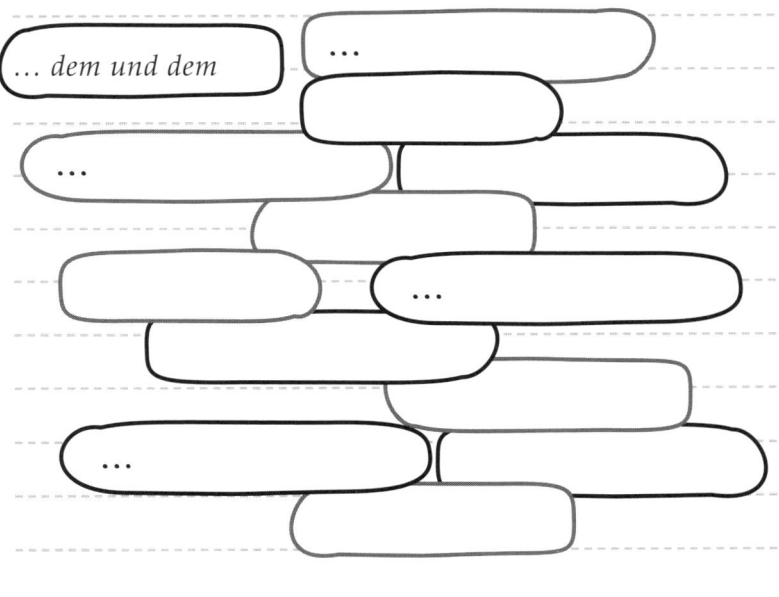

... dem und dem

...

...

...

...

**TAUSCHEN SIE SICH AUS, ES IST EINE QUELLE NEUER IDEEN UND DER BEREICHERUNG.**

# LASSEN SIE LOS

Um voranzukommen, muss man Prinzipien haben, auf die man zurückgreift. Diese können zu Gewissheiten werden, welche sehr nützlich sind, solange sie uns auch weiterbringen.

Manchmal wirken sie jedoch auch beengend und einschränkend. Dann sind sie wie Felsen, an die wir uns klammern und die uns daran hindern, unseren Weg fortzusetzen und uns zu entwickeln. Lernen Sie loszulassen, indem Sie sich vom Fels der Gewissheit lösen.

## HINTERFRAGEN SIE GEWISSE HALTUNGEN UND EINSTELLUNGEN.

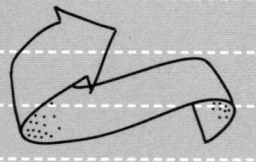

# MEINE AKTUELLEN GEWISSHEITEN:

➤ *Ich bin imstande, alles allein zu tun.*

*Ich habe immer Recht.*

*Auf dem Gebiet der/des … habe ich nichts mehr zu lernen.*

# TRAUEN SIE SICH, SIE SELBST ZU SEIN

Es gibt etwas Einzigartiges auf der Welt: Sie! Ihre Geschichte, Ihre Talente, Ihre Bedürfnisse, Ihr Leben lassen Sie Kompetenzen entwickeln, die Ihnen eigen sind. Und Sie können dafür anerkannt werden.

Was zählt, ist jedoch nicht so sehr die Anerkennung als vielmehr die Tatsache, etwas zu unternehmen, bei dem Sie Sie selbst sind, und all Ihre Fähigkeiten zu offenbaren.
Oft fällt es schwer, zu handeln, wie man möchte, aber es ist befreiend! Machen Sie sich Ihre Bedürfnisse bewusst und handeln Sie Ihnen und nicht anderen gemäß.

## HÖREN SIE AUF, JEMAND ANDERES ZU SEIN UND SEIEN SIE SIE SELBST.

## FOLGENDES TUE ICH, UM ANDEREN ZU GEFALLEN, BIN ES ABER NICHT:

➤ *Stets »Ja« sagen bei einer bestimmten Art von Bitte*
*Mich jeden Tag auf dieselbe Weise kleiden*

## FOLGENDES WERDE ICH TUN, UM ICH SELBST ZU SEIN:

➤ *Mich trauen, folgende Bitte abzulehnen: …*
*Mich kleiden, wie es mir wirklich gefällt*

# VERTRETEN SIE WERTVORSTELLUNGEN

Halten Sie an Wertvorstellungen fest, das ist gesund und verbindet. Diese Werte können in Ernsthaftigkeit, Familie, Ehrlichkeit, Fortschritt, Bescheidenheit, Arbeit etc. bestehen. Es ist an jedem selbst, die seinigen in sich zu entdecken.

Wer dieselben Wertvorstellungen hat wie Sie, wird Ihnen aus diesem Grund und um dessentwillen, was Sie repräsentieren, folgen. Erledigen Sie die Dinge ehrlich und anständig. Ihre Wertvorstellungen werden das Umfeld, in dem Sie leben, bereichern.

**MEINE WERTE SIND:**

## UM NACH MEINEN WERTVORSTELLUNGEN ZU LEBEN, WERDE ICH

**LEGEN SIE IHRE WERTE FEST UND LEBEN SIE DANACH.**

# HINTERFRAGEN SIE SICH

Wenn im Leben, in einem Projekt oder einer Beziehung nicht alles wie vorgesehen verläuft, müssen mehrere Faktoren neu bewertet werden: das Umfeld, die Beteiligten, das Projekt oder gar Sie selbst.

Es geht hier darum, sich zu hinterfragen: Analysieren Sie, inwiefern Sie zu der Lage, in der Sie sich gerade befinden, beigetragen haben. Es geht nicht darum, Ihnen die Schuld zu geben, sondern die Situation zu verbessern und in Zukunft ähnliche Umstände zu vermeiden.

## WAS KÖNNEN SIE TUN, UM DIE SITUATION ZU VERBESSERN?

## ZU FOLGENDEM WERDE ICH MICH HINTERFRAGEN:

○ *mein Umfeld:*

○ *meine Erziehung/Ausbildung:*

○ *meine Art zu arbeiten:*

○ *mein Temperament:*

○ *meine Beziehung zur Arbeit:*

○ *mein Verhältnis zu meinen Kolleginnen und Kollegen:*

○ *mein Verhältnis zu meiner Familie:*

○ *meine Ziele:*

○ *Sonstiges:*

# MÄßIGEN SIE IHREN STOLZ

Der Stolz ermöglicht uns, große Vorhaben zu realisieren, er ist ein Antrieb. Dennoch kann er uns in bestimmten Situationen blind machen und unser Urteilsvermögen schwächen. Es ist wichtig, seine Selbstachtung zu zügeln, wenn sie überhandnimmt.

Es geht nicht darum, um des Anscheins willen bescheiden zu werden. Man muss lernen, seinen Stolz zu mäßigen: Das Ergebnis ist Bescheidenheit und die kommt von allein. Um an Ihrem Stolz zu arbeiten, können Sie sich zum Beispiel beobachten und lernen, mit Ihren Emotionen umzugehen.

**ARBEITEN SIE TÄGLICH DARAN, IHREN STOLZ ZU BEHERRSCHEN.**

## UM AN MEINEM STOLZ ZU ARBEITEN, WERDE ICH...

*... mich fragen, was mir Selbstvertrauen gibt und was nicht.*

# SEIEN SIE SCHWEIGSAM

Des Öfteren ist es von Vorteil, zu schweigen. Das ermöglicht vor allem, in uns aufsteigende Emotionen zu beobachten und uns damit besser kennenzulernen. Schweigen ist lehrreich: Es hilft uns dabei, unsere Gedanken und Emotionen zu entdecken und dem Gegenüber sich in vollem Umfang zu äußern.

Die in uns entstehenden Emotionen bewirken manchmal impulsive Reaktionen, die uns anschließend leidtun könnten. Zu schweigen und unserem inneren Aufruhr zu lauschen, gibt uns Zeit, nachzudenken und angemessen zu reagieren. Außerdem gibt es Gelegenheit, mehr Fragen zu stellen, um besser zu verstehen, was der andere sagt.

> ZÜGELN SIE IHR VERLANGEN, ZU ANTWORTEN, UND HÖREN SIE ZU.

## IN FOLGENDEN SITUATIONEN WERDE ICH SCHWEIGEN:

*Bei einer hitzigen Diskussion auf einer Versammlung…*

*Wenn ich eigentlich laut schreien möchte…*

## DAS ERMÖGLICHT MIR, …

*… mir klarzumachen, dass es nichts gebracht hätte zu sprechen.*

*… mir klarzumachen, dass ich an zehn Dinge gleichzeitig denke und meine Vorschläge strukturieren muss.*

# ACHTEN SIE AUF ANDERE

Es ist ganz entscheidend, anderen gegenüber aufmerksam zu sein. Wir leben nämlich in einer Welt, in der unsere Aufmerksamkeit durch die Fortschritte der Kommunikation von allen Seiten in Anspruch genommen wird, mit der Gefahr, dass wir vergessen, was wichtig ist. Wir verlieren uns in überflüssigen beziehungsweise virtuellen Beziehungen und vergessen das Wesentliche: echte Bande zu knüpfen und authentische menschliche Beziehungen zu haben.

Seien Sie aufmerksam gegenüber den Personen Ihrer Umgebung, sei es durch einen Besuch, aber auch durch einen Anruf, eine E-Mail oder eine SMS, um Neuigkeiten von ihnen zu bekommen. Für den Handelnden sind es kleine Aufmerksamkeiten, für das Gegenüber sind es große. Diese Aufmerksamkeit gegenüber anderen ist in unserem Privat- und Berufsleben gleichermaßen wichtig.

ACHTEN SIE DARAUF, AUFMERKSAM ZU SEIN.

# ICH WERDE MICH ERKUNDIGEN NACH:

# AKZEPTIEREN SIE DEN ANDEREN

Wir alle haben jeweils unterschiedliche Lebensweisen, unser ganz eigenes Temperament und unsere Schwächen, die uns charakterisieren. Sie definieren uns und lassen sich insofern modifizieren, als wir sie verändern können.

Man muss den anderen nehmen, wie er ist, und zwar aus mehreren Gründen. Erstens ist es schwierig, andere zu ändern. Außerdem ist Verschiedenheit ein wertvolles Gut. Und schließlich muss man akzeptieren, was sich nicht ändern lässt, und sich damit arrangieren (oder sich entfernen, wenn es heilsam ist). Den anderen zu akzeptieren bedeutet auch, ihm zu helfen, sich zu entwickeln, etwa indem man ihn beim Entfalten seines eigenen Potenzials begleitet.

NEHMEN SIE DEN ANDEREN, WIE ER IST.

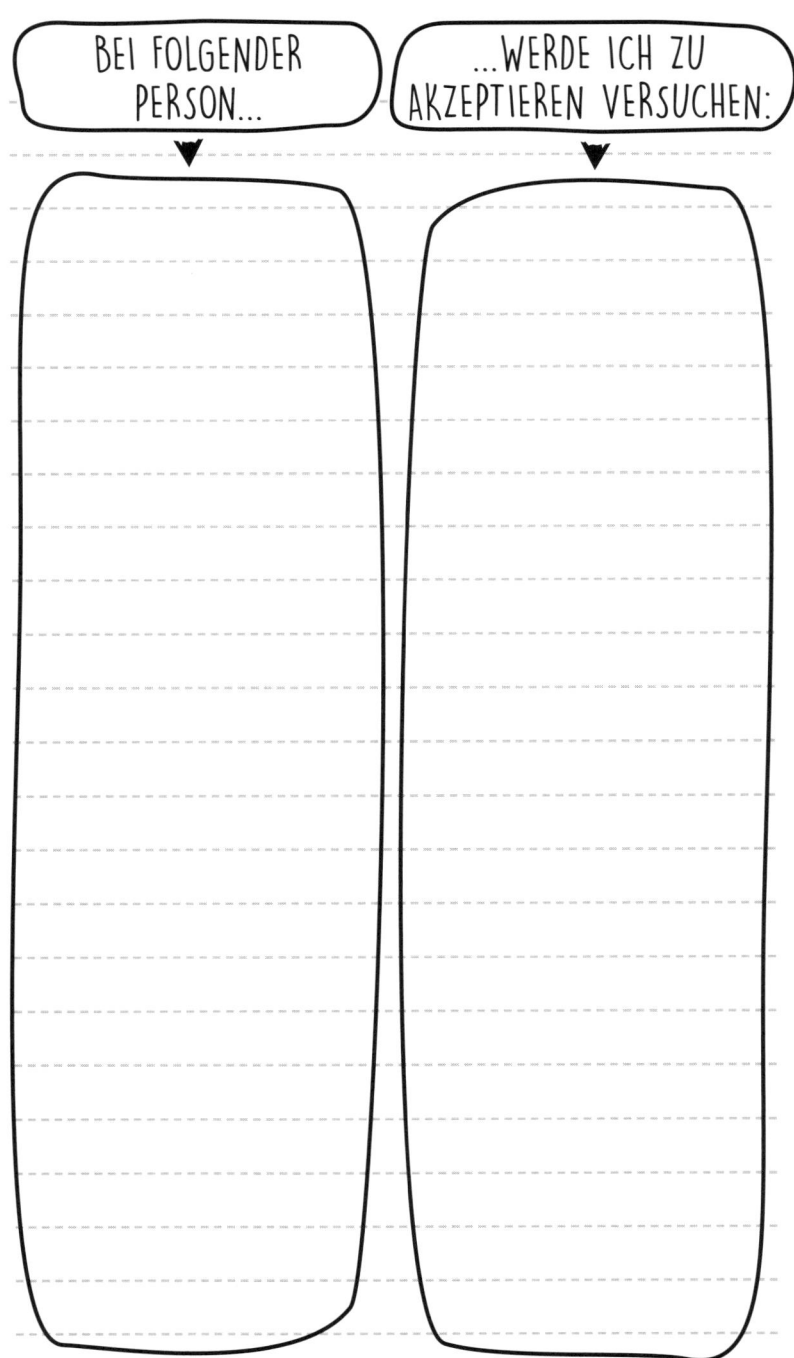

BEI FOLGENDER PERSON...

...WERDE ICH ZU AKZEPTIEREN VERSUCHEN:

# SEIEN SIE MIT IHREM GEWISSEN IM REINEN

Unser ganzes Leben müssen wir mit uns selbst verbringen: Wir stehen mit uns selbst auf, verbringen den Tag »zusammen« und schlafen mit uns ein. Aus diesem Grund sollten wir vorzugsweise vermeiden, Dinge zu tun, die wir bedauern könnten. Handeln Sie stets im Einklang mit Ihrem Gewissen, seien Sie in Bezug auf sich selbst aufrichtig.

Das ist eine Wahl fürs Leben. Sie erlaubt uns, zu tun, was wir möchten, solange wir mit unseren Wertvorstellungen im Einklang sind. Wenn wir ein schlechtes Gewissen haben, tragen wir daran ein Leben lang.

LEBEN SIE OHNE TATEN, DIE SIE BEDAUERN KÖNNTEN.

## FRÜHER SAGTE/TAT ICH:

*Ich war anderen gefällig, indem ich stets »Ja« sagte.*

## JETZT WERDE ICH...

*... lernen, »Nein« zu sagen.*

# SCHLIEßEN SIE SICH ZUSAMMEN

Nehmen Sie einen Faden und eine Schere. Die Schere wird den einzelnen Faden leicht durchtrennen, weil er dünn ist. Flechten Sie aber nun drei Fäden ineinander, die Sie wiederum mit zwei weiteren Fäden aus je drei Strängen verflechten. Sie erhalten eine Kordel, die sich mit derselben Schere nur schwer durchtrennen lässt. Einigkeit macht stark.

Seine Kräfte zu vereinen hat zahlreiche Vorteile. Es erlaubt zum Beispiel, sich auszutauschen, die Kompetenzen zu vervielfältigen, auf neue Ideen zu kommen, Problemen leichter entgegenzutreten, Einzelheiten zu erkennen, die man allein übersehen hätte, etc.

**BILDEN SIE IHRE EIGENE SEILSCHAFT.**

## FOLGENDES HABE ICH BISHER ALLEIN GETAN:

## FOLGENDES WERDE ICH AB JETZT TUN:

# AKTIVIEREN SIE DAS NETZ IHRER KONTAKTE

Zögern Sie nicht, das Netz Ihrer Kontakte in Schwung zu bringen und die Ihnen Nahestehenden davon profitieren zu lassen. Viele tun es, ohne darauf zu achten: Es kann darum gehen, einen Verwandten nach einem Sommerjob zu fragen, Freunde um einen Preisnachlass bei einem Produkt zu bitten oder einen Kollegen um beruflichen Rat anzugehen etc.

Zögern Sie auch nicht, sich auf das Netz Ihres Netzes zu stützen: Alle Bekannten um uns herum haben – bewusst oder nicht – Zeit damit verbracht, ihr eigenes Netz zu knüpfen. Stützen Sie sich darauf, es wird Ihnen helfen, rascher und höher aufzusteigen.

DAS NETZ MEINER KONTAKTE IST AUCH MEIN NETZ!

FÜR DAS FOLGENDE PROJEKT...

... WERDE ICH FOLGENDES NETZ IN ANSPRUCH NEHMEN:

# DER DONNERSTAG, EINMAL ANDERS BETRACHTET

Versuchen Sie, Ihre Unternehmenspraktiken zu modifizieren, indem Sie die Dinge aus einer anderen Perspektive betrachten. Sorgen Sie in Ihrem Beruf oder Ihrer Firma dafür, dass Ihre Bestellungen und Aufträge (bei Lieferanten, an Mitarbeiter etc.) spätestens am Donnerstag erledigt sind, damit Ihre Gesprächspartner noch am Freitag daran arbeiten können. Damit können Sie den Donnerstag und den Freitag nutzen!

Wenn Sie die Arbeit vom Donnerstag auf den Freitag verschieben, wird Ihre Bestellung beziehungsweise Ihr Auftrag nicht vor dem kommenden Montag bearbeitet. Das heißt, Sie verlieren drei Tage!

## WAS, WENN DER DONNERSTAG DER LETZTE TAG DER WOCHE WÄRE?

## DAS BRINGT ES MIR:

---

---

---

---

---

---

---

---

## ICH KANN MONTAG ... DIENSTAG ... MITTWOCH ... DONNERSTAG ... FREITAG ... SAMSTAG ... SONNTAG *(entsprechenden Tag markieren)* AUCH ANDERS BETRACHTEN:

(MO)   (DI)   (MI)   (DO)   (FR)   (SA)   (SO)

---

---

---

---

---

---

# LASSEN SIE DIE ZEIT FÜR SICH ARBEITEN

Die Zeit vergeht von selbst, und zwar rasch. Oft beklagen wir uns darüber, aber warum nicht auch die positive Seite sehen?

Wenn sie rasch vergeht, so ist der Zeitpunkt für Ihre Ziele (in einer Woche, einem Monat, einem Jahr oder zehn Jahren) rasch erreicht: Sie müssen also entsprechend handeln! Konzentrieren Sie sich ab jetzt aufs Handeln, um mehreres gleichzeitig durchführen zu können. Was geschehen muss, wird geschehen: Konzentrieren Sie sich eher auf die einzelnen Etappen als auf die Deadline.

## FOLGENDES WERDE ICH ALS ERSTES IN DIE TAT UMSETZEN:

## FOLGENDES WERDE ICH PARALLEL IN GANG SETZEN:

## NUTZEN SIE DIE ZEIT, STATT SIE EINFACH HINZUNEHMEN.

# NUTZEN SIE DEN »SCHNEEBALLEFFEKT«

Dieses Buch bringt Sie auf Ideen, die zu Begegnungen führen, aus denen wiederum Ideen hervorgehen und zu anderen Begegnungen führen und so weiter: Das ist der »Schneeballeffekt«. Mit jeder Etappe verstärkt sich dieser Effekt. Begnügen Sie sich nicht damit, dieses Prinzip zu beobachten: Nutzen und verstärken Sie es!

Je mehr Sie dieses Prinzip anwenden, umso wahrscheinlicher widerfährt Ihnen etwas Positives. Man kann nicht immer wissen, welche Auswirkungen Gesagtes oder Getanes hat, aber oft hat es günstige Folgen.

STEIGERN SIE DEN GEGENSEITIGEN AUSTAUSCH, UM SEINE WIRKUNG ZU ERHÖHEN.

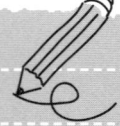

## ÜBER MEIN NEUES PROJEKT SPRECHE ICH MIT:

1 ...

2 ...

3 ...

# NUTZEN SIE DIE MACHT DER GEWOHNHEIT

Im Gegensatz zur Routine, die das Handeln hemmen kann, ist eine gute Gewohnheit eine Kraft. Zu Beginn eines Vorhabens ist es wichtig, sich an kleine nützliche Gewohnheiten zu halten und diese an Bedeutung gewinnen zu lassen. Diese Gewohnheiten sind, sobald sie selbstverständlich geworden sind, Gold wert und gestalten den Alltag effizienter.

Eine gute Gewohnheit ist ein Trumpf. Einmal geschaffen und etabliert, widmen wir ihr nämlich weniger Aufmerksamkeit und können uns auf unser Projekt konzentrieren.

**GEWINNEN SIE AN EFFIZIENZ, INDEM SIE SICH AUF GUTE GEWOHNHEITEN STÜTZEN.**

IM BERUFSLEBEN WERDE ICH MIR FOLGENDES ANGEWÖHNEN:

IM PRIVATLEBEN WERDE ICH MIR FOLGENDES ANGEWÖHNEN:

# PROFITIEREN SIE VON DEN LEBENSZYKLEN

Die Lebenszyklen bestehen aus Phasen, in denen man voran-kommt, und anderen, in denen man sich stabilisiert. Und in wieder anderen Phasen hat man den Eindruck, zurückzufallen. Alles zusammen ist den Wechselfällen des Lebens unterworfen. Im Meer trägt uns eine Welle nach oben und lässt uns wieder sinken; im Wellental weiß man, dass man zwangsläufig wieder steigen wird.

Wenn Ihnen bewusst wird, dass Sie sich in einer schwierigen Phase befinden, versuchen Sie nicht, dagegen anzugehen. Akzeptieren Sie es, entspannen Sie sich, lassen Sie Ihr Vorhaben ruhen oder betrachten Sie noch einmal Ihre Ziele. Es ist nur ein Regenschauer, bald können Sie wieder im Vollbesitz Ihrer Fähig-keiten sein!

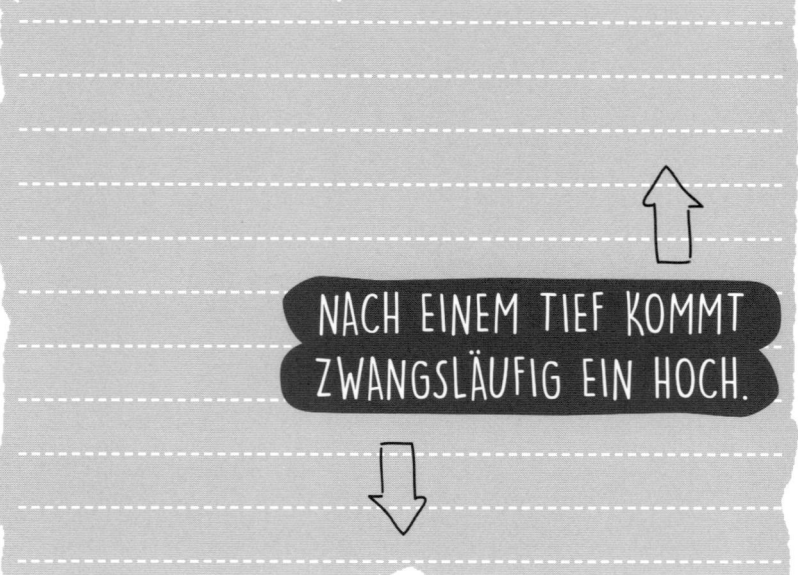

NACH EINEM TIEF KOMMT ZWANGSLÄUFIG EIN HOCH.

DIE ZYKLEN, DIE ICH
BEOBACHTET HABE, DAUERN:

UM SIE ZU NUTZEN, WERDE ICH:

# WENDEN SIE SICH AN DRITTE

Oft ist es von Nutzen, die eigenen Ideen mit jemand anderem zu teilen, da diese Person von außen auf unser Vorhaben schaut. Daher kann sie Dinge unter einem anderen Blickwinkel sehen. Jede Situation ist wie ein Würfel: Allein sieht man nur drei von sechs Seiten.

Neben einer anderen Betrachtungsweise bringt eine andere Person auch eigene Kompetenzen und ihre eigene Erfahrung ein. Wenn Sie Ihre Beobachtungen mitteilen, können Sie nur profitieren. Diese Informationen stellen eine Bereicherung dar.

**BITTEN SIE DARUM, DASS MAN IHNEN AUCH DIE DREI KEHRSEITEN ZEIGT**

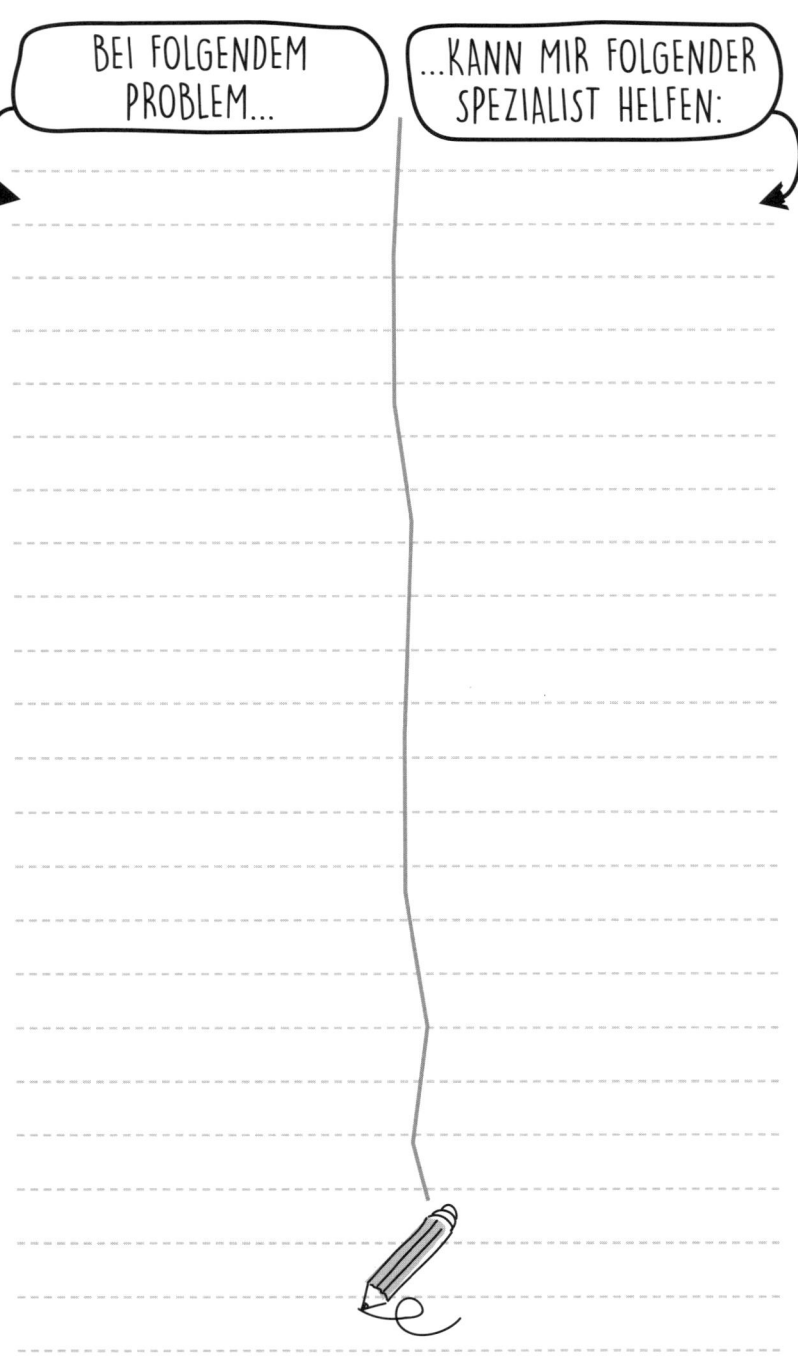

BEI FOLGENDEM PROBLEM...

...KANN MIR FOLGENDER SPEZIALIST HELFEN:

# LEITEN SIE REGELN AB

Im Laufe der Zeit kommen wir dazu, Fakten zu beobachten, die in ähnlicher Weise wieder auftreten. Statt sie weiter einfach hinzunehmen, ohne daraus Informationen zu ziehen, beobachten Sie sie aufmerksam, leiten Sie daraus Regeln ab und nutzen Sie diese Regeln. Profitieren Sie davon!

Eine Regel zu definieren erlaubt es, etwas vorherzusehen und rascher zu reagieren, zum Beispiel: Sobald sich in einer Situation Unordnung einstellt, muss dies möglichst rasch behoben werden, indem man sich organisiert. Natürlich gibt es immer Ausnahmen, welche die Regel bestätigen.

**BETRACHEN SIE DIE FAKTEN.**
**LEITEN SIE DARAUS REGELN AB.**
**BEDIENEN SIE SICH IHRER.**

## FOLGENDE FAKTEN HABE ICH BEOBACHTET:

*Probleme treten oft phasenweise auf.*

...

## FOLGENDE REGELN LEITE ICH DARAUS AB:

*Sobald ein Problem auftritt: darauf gefasst sein, dass dahinter noch andere stecken…*

...

# STREBEN SIE NACH AUSGEGLICHENHEIT

Manche weisen Männer, wie Pythagoras, empfehlen, nach Ausgeglichenheit zu streben. Das ermöglicht uns, Wohlbefinden und heitere Gelassenheit im Leben zu finden. Ausgeglichenheit richtet sich nicht unbedingt gegen Extreme. Man kann ins Extreme gehen, wenn dies durch ein anderes Extrem ausgeglichen wird. Dann ist das Gleichgewicht wiederhergestellt. Zum Beispiel: sehr viel arbeiten und sich Zeiten vollständiger Erholung zugestehen.

Wir suchen stets die Ausgeglichenheit, das Gleichgewicht, und das ist normal. Der Weg (die Suche nach dem perfekten Gleichgewicht) ist wichtiger als das Ziel (das Erreichen des perfekten Gleichgewichts), weil wir es niemals wirklich erreichen. Setzen Sie diese Suche stets fort, selbst wenn sie konstante Anstrengungen erfordert.

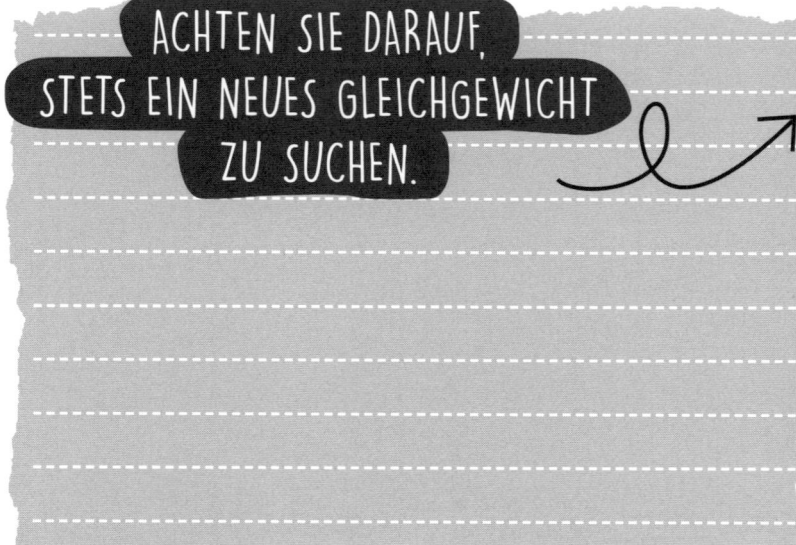

ACHTEN SIE DARAUF, STETS EIN NEUES GLEICHGEWICHT ZU SUCHEN.

## FOLGENDES TRÄGT ZU MEINER AUSGEGLICHENHEIT IM LEBEN BEI:

## FOLGENDES BEEINTRÄCHTIGT MEINE AUSGEGLICHENHEIT IM LEBEN:

# SPEICHERN SIE MÖGLICHST VIELE INFORMATIONEN

Nutzen Sie alles, zu dem Sie Zugang haben. Speichern Sie möglichst viele Informationen, selbst wenn sie Ihnen unbedeutend erscheinen oder Sie im Augenblick nicht betreffen. Sie könnten Ihnen nützlich sein. Irgendwann entdecken Sie vielleicht ihren vollen Wert.

Erst mit der Zeit sieht man die potenzielle Verbindung zwischen unserer heutigen Begegnung, Lektüre oder Handlung und dem, was – selbst nach einigen Jahren – daraus hervorgeht. Seien Sie stets bereit, eine Verbindung herzustellen zwischen einer Information, die Sie vor Jahren erhalten haben, und einer Person, die Sie kürzlich kennengelernt haben.

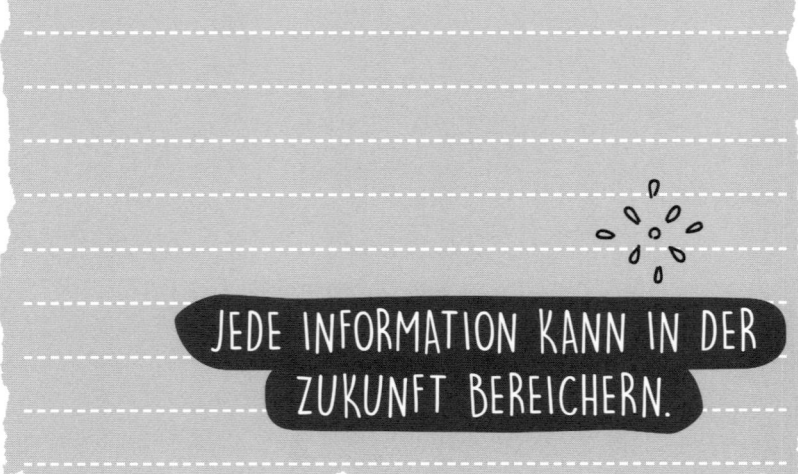

JEDE INFORMATION KANN IN DER ZUKUNFT BEREICHERN.

FOLGENDE BEGEGNUNG/LEKTÜRE...

...WIRD MIR IN ZUKUNFT HELFEN, ZU...

# SEIEN SIE GEDULDIG

Es bringt nichts, ungeduldig zu sein. Sobald die Situation Sie nicht zufriedenstellt oder die Person, auf die Sie warten, nicht eintrifft, werden Sie Frustration spüren. Sich gestresst zu fühlen, bringt die Dinge nicht schneller voran.

Denken Sie also an etwas anderes, widmen Sie Ihre Aufmerksamkeit anderen Vorhaben: Sie werden nicht merken, wie die Zeit vergeht. In dem Bewusstsein, dass alles zu seiner Zeit kommt, werden Sie sich eine heitere Gelassenheit zulegen. Verlieren Sie sich nicht in einer hypothetischen Zukunft, sondern bleiben Sie präsent bei dem, was Sie tun.

ALLES HAT SEINE ZEIT.
GUT DING WILL WEILE HABEN.

IN DER ZWISCHENZEIT WIDME
ICH MICH FOLGENDEM VORHABEN:

IN DIESER ZEIT BRINGE ICH MICH
AUF ANDERE GEDANKEN, INDEM ICH:

# SEHEN SIE DIE DINGE NICHT ZU ENG

Oft ist von »Aktion – Reaktion« die Rede. Man vergisst jedoch, dass es da etwas geben muss, das Widerstand leistet, damit es zu einer Reaktion kommt, nämlich uns selbst. Manchmal funktionieren wir ein wenig wie ein Netz mit sehr engen Maschen. Wir leisten Widerstand gegen etwas, das man uns sagt. Beobachten Sie, was in Ihnen Widerstand leistet und bewirkt, dass Sie sich unwohl fühlen.

Ziel dieser Übung ist es zunächst, die »Maschen des Netzes« etwas zu erweitern, um hindurchzulassen, was die anderen uns senden. Sie werden sich wohler fühlen und Ihr Alltag wird dadurch besser.

BIETEN SIE MÖGLICHST WENIG WIDERSTAND.

WENN ICH MICH FOLGENDER SITUATION GEGENÜBERSEHE...

*Kritik von anderen*

...LEISTET IN MIR WIDERSTAND:

*mein Stolz.*

UM DIE MASCHEN DES NETZES ZU WEITEN, WERDE ICH...

*... meine Qualitäten aufschreiben und Abstand nehmen: Bin es wirklich ich, der den anderen nervt?*

# SPRECHEN SIE WENIG, ABER EFFEKTIV

Manche neigen dazu, zu sprechen, ohne etwas zu sagen oder nur, um andere zu beeindrucken. Besser ist es, wenig zu sprechen, das aber effektiv. Damit das gelingt, müssen Sie wissen, was Sie wollen, dies auch präzise formulieren und ruhig darlegen.

Wenn wir vorab unsere Gedanken ordnen, sprechen wir von Natur aus flüssiger. Das hindert uns weder an Spontaneität noch an Begeisterung! Man muss das Gleichgewicht zwischen beidem finden.

**ACHTEN SIE AUF IHRE ÄUßERUNGEN.**

## WAS ICH IN MEHREREN SÄTZEN SAGE...

## ...WERDE ICH JETZT PRÄZISER AUSDRÜCKEN:

# MÄßIGEN SIE SICH

Je nachdem was unsere Gesprächspartner uns sagen und in welcher Situation wir uns befinden, können unsere Reaktionen unterschiedlich, manchmal sogar sehr heftig ausfallen. Vor allem, wenn die Äußerungen starke Gefühle bei uns auslösen. Oft ist es besser, sich zu zwingen, ein paar Sekunden über die Antwort nachzudenken.

Je komplexer die Situation, desto sachdienlicher ist es, eine intelligente, der Situation und den Anwesenden angemessene Antwort zu geben.

**PASSEN SIE IHRE ÄUßERUNGEN DER SITUATION AN.**

## IN FOLGENDER SITUATION HABE ICH HEFTIG REAGIERT:

## ICH HÄTTE MICH MÄSSIGEN KÖNNEN, INDEM ICH...

# BEHERRSCHEN SIE SICH

Oft lassen wir uns von unserem unbewussten Handeln leiten. Lernen Sie, Ihre Emotionen unter Kontrolle zu behalten: Es ist Teil der Arbeit an sich selbst. Achtung: Auf diesem Gebiet die Kontrolle zu bekommen, bedarf konstanter Bemühungen.

Der Vorteil dieser Neuorientierung liegt darin, dass man schwierige Ereignisse mit mehr Abstand, Neutralität und Gelassenheit aufnimmt. Man gelangt leichter in die Ausgangshaltung zurück, lässt sich weniger von den Ereignissen einnehmen und ist ihnen weniger unterworfen.

**LERNEN SIE, IHRE EMOTIONEN IM GRIFF ZU HABEN.**

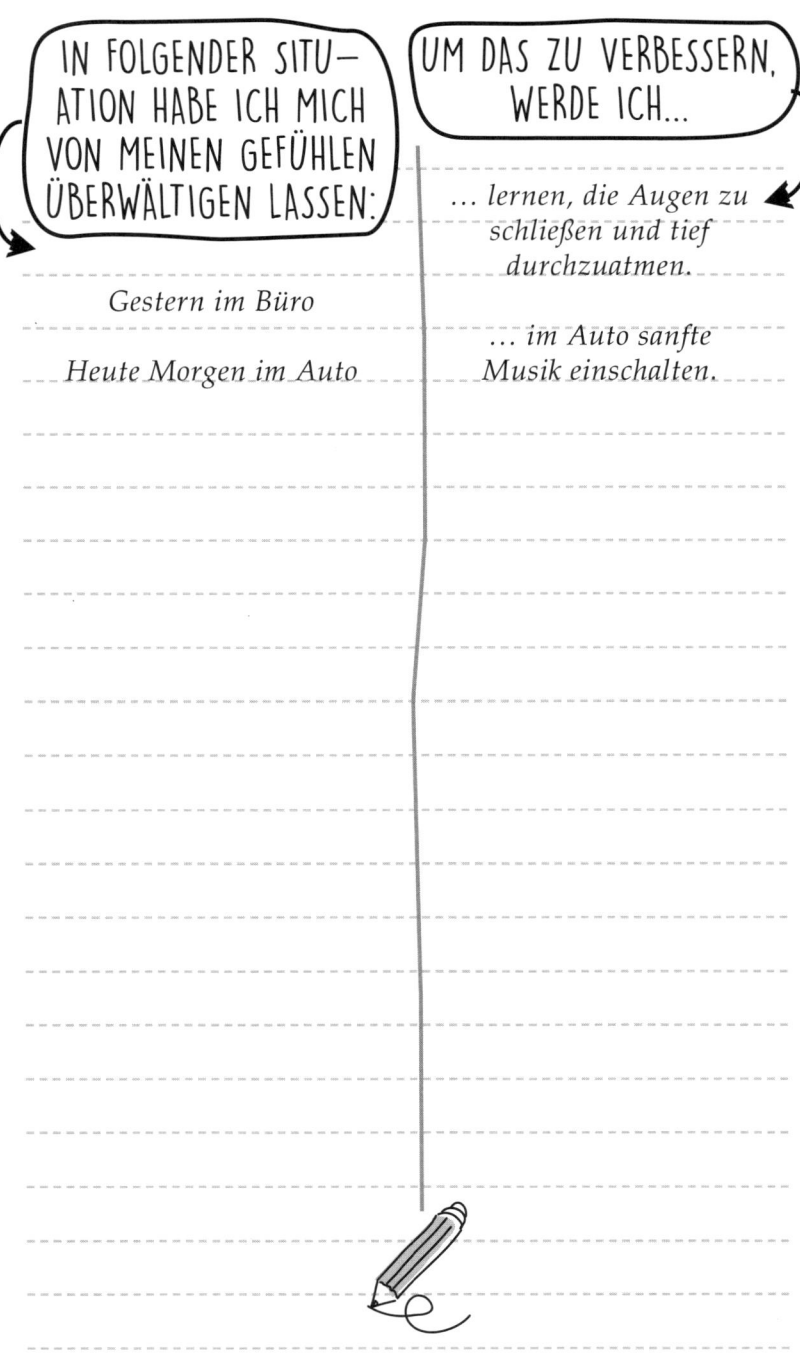

IN FOLGENDER SITU-
ATION HABE ICH MICH
VON MEINEN GEFÜHLEN
ÜBERWÄLTIGEN LASSEN:

UM DAS ZU VERBESSERN,
WERDE ICH...

*Gestern im Büro*

*Heute Morgen im Auto*

*... lernen, die Augen zu
schließen und tief
durchzuatmen.*

*... im Auto sanfte
Musik einschalten.*

123

# GEBEN SIE WEITER

Bei der Arbeit gewinnt man zwangsläufig an Erfahrung und es kommt der Moment, an dem man sie weiterzugeben vermag. Dabei ist es gleichgültig, ob dies uneigennützig oder gegen Honorar erfolgt. Es gehört zum Kreislauf des Lebens: Man wird geboren, empfängt, gibt und stirbt.

Was haben Sie an andere weiterzugeben? Gewiss verfügen Sie über Kompetenzen und praktische Erfahrung, die andere nicht haben, ob im Privat- oder Berufsleben.

**GEBEN SIE WEITER, WAS SIE GELERNT HABEN.**

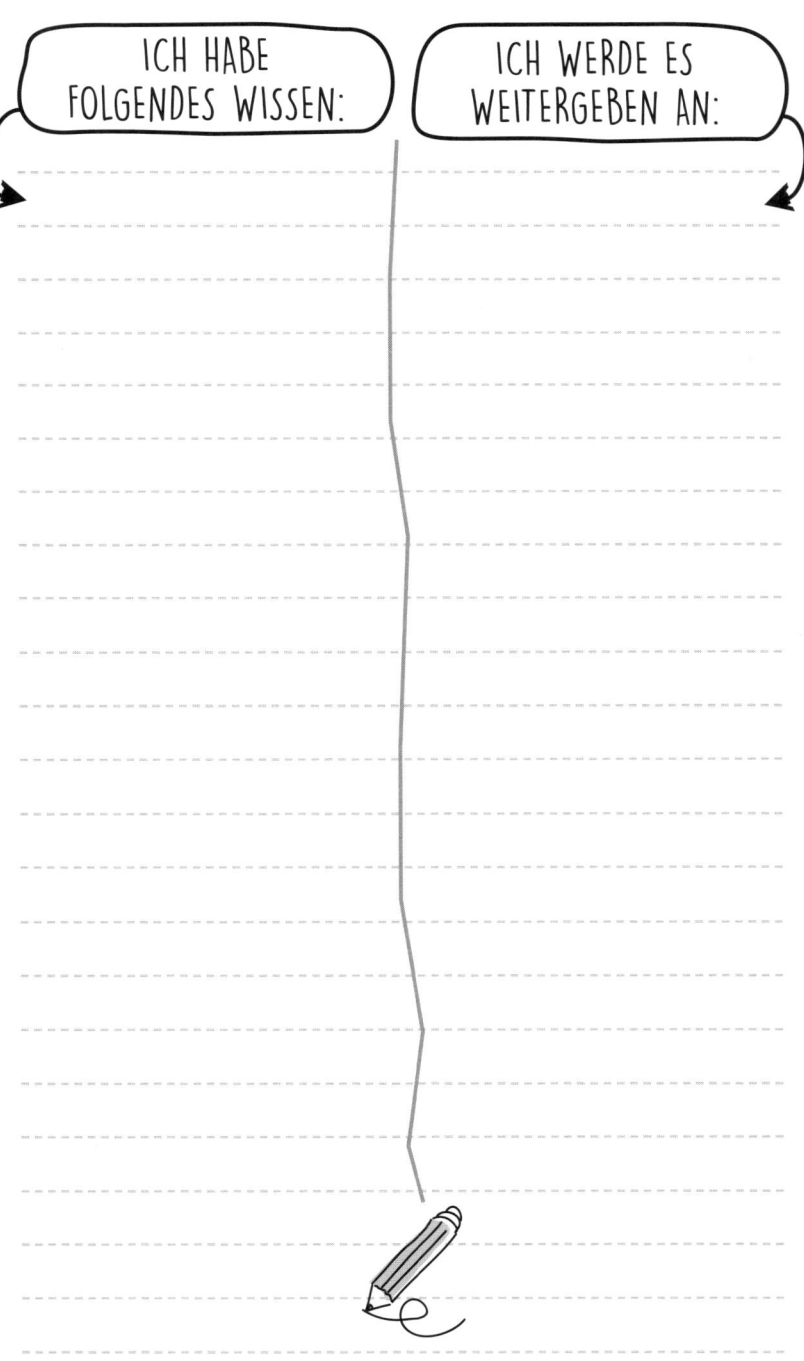

ICH HABE FOLGENDES WISSEN:

ICH WERDE ES WEITERGEBEN AN:

# GEBEN SIE

Es ist wichtig zu geben: ein wenig Zeit, Kompetenzen, Aufmerksamkeit oder anderes. Zu geben bedeutet, etwas von sich, vom Leben in uns mit jemandem zu teilen, der es braucht. Zu geben mindert nicht, im Gegenteil, es lässt einen wachsen.

Alles für sich zu behalten ist nicht gut. Auf die Menge kommt es nicht an, das Entscheidende ist, dieser Regung des Gebens zu folgen. Es geht lediglich darum, in Ihrem Rhythmus und Ihren Fähigkeiten entsprechend zu geben, ohne etwas dafür zu erwarten.

REICHTUM LIEGT IM GEBEN

ICH BESCHLIEßE, FOLGENDES ZU GEBEN:

AN (PERSONEN, VEREINIGUNGEN...):

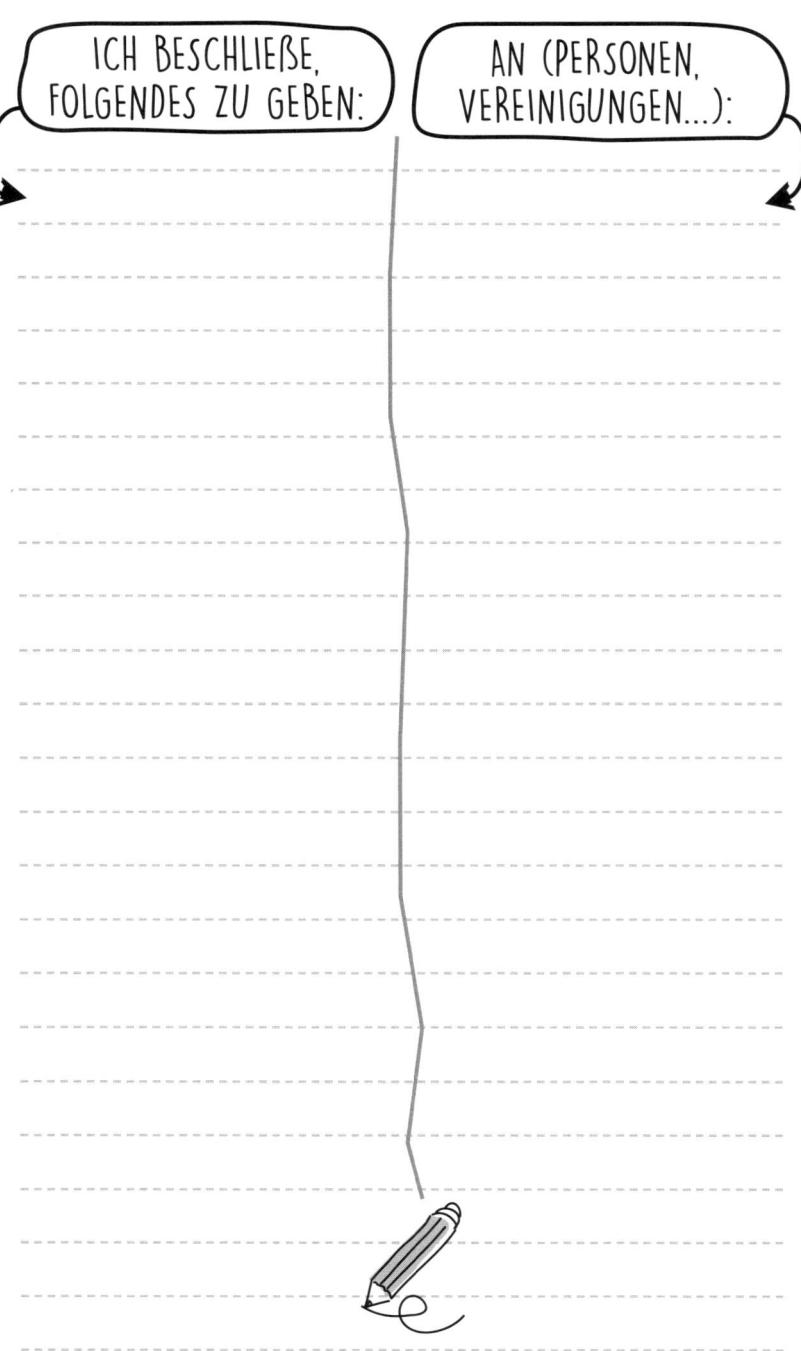

# SEIEN SIE VORBILD

Nutzen Sie all Ihre Qualitäten, zeigen Sie, dass Sie fähig sind, aus Ihren Fehlern zu lernen. Wenn Sie immer Ihr Bestes geben und darauf achten, stets auf höchstes Niveau zu gelangen, werden Sie für andere zum Motor. Manche könnten Ihnen gar folgen: Das ist zwar nicht das Ziel, aber eine Konsequenz.

Indem Sie Ihr eigenes Leben führen, öffnen Sie einen Weg. Indem die Personen Ihrer Umgebung wahrnehmen, dass es möglich ist, und sehen, wie Sie sich entwickelt haben, werden sie einen ähnlichen Weg gehen wollen.

SEIEN SIE EIN ANFÜHRER.

## FOLGENDE PERSONEN HABEN MICH MOTIVIERT:

## KÜRZLICH HABE ICH FOLGENDE PERSONEN MOTIVIERT:

# SEIEN SIE DANKBAR

Man muss dankbar sein für das, was man hat und was das Leben uns bringt. Das bedeutet, aufmerksam gegenüber dem zu sein, was man erlebt, und gegenüber den Menschen, denen man begegnet. Es bringt auch große Gelassenheit mit sich.

Sie können dankbar gegenüber dem Leben, Ihrer Familie, Ihren Freunden oder Kollegen oder auch gegenüber einer »höheren Macht« sein. Diese Dankbarkeit beruhigt und rückt die Dinge an den rechten Ort. Sie können diese Dankbarkeit Bekannten, an geweihten Orten oder auch durch Spenden zeigen.

DANKBARKEIT BERUHIGT.

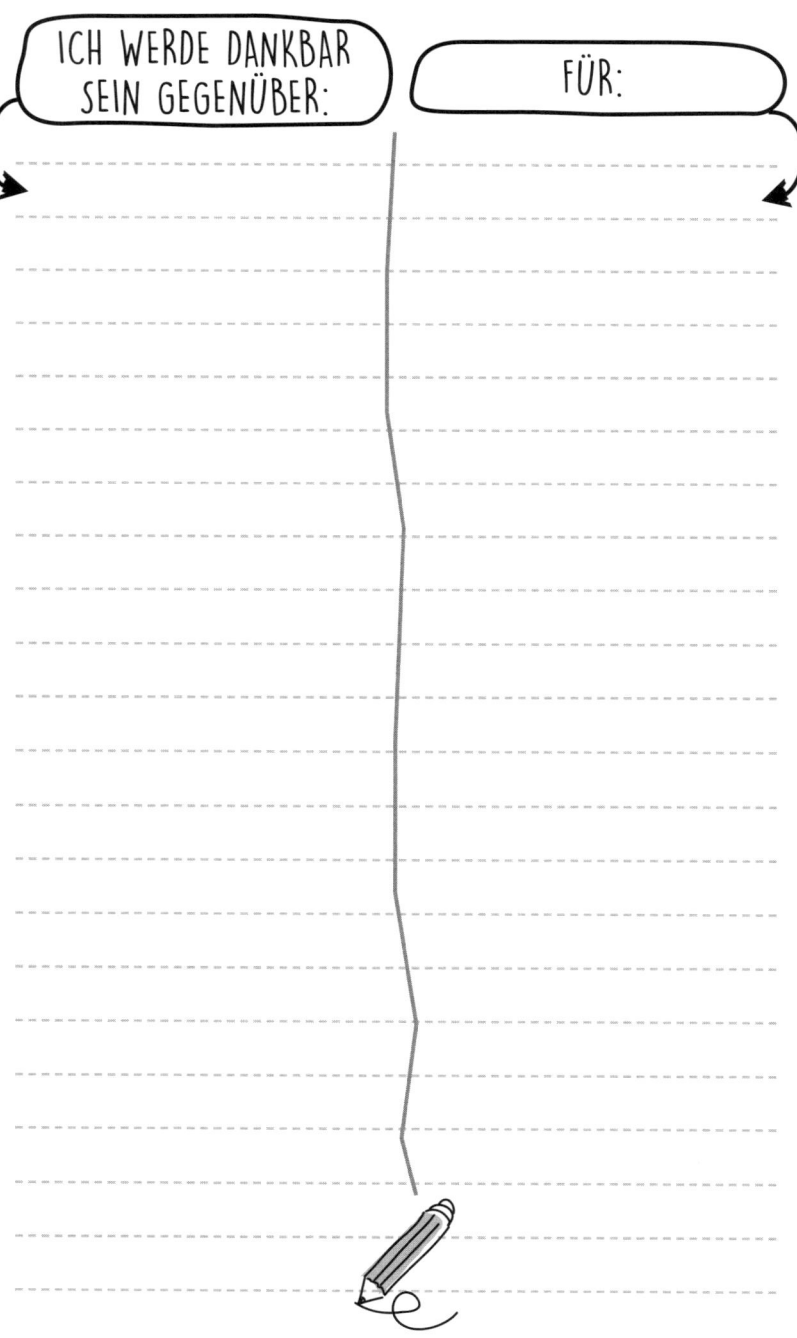

ICH WERDE DANKBAR
SEIN GEGENÜBER:

FÜR:

# KOMMEN SIE AUF IHRE GRUNDLAGEN ZURÜCK

Sie haben nun alle Anregungen in diesem Buch durchgearbeitet? Sehr gut. Aber wenden Sie sie auch regelmäßig an? Sobald man sie nämlich ein oder zwei Mal in die Tat umgesetzt hat, denkt man tendenziell: »Das genügt.« Falsch: Wir ermuntern Sie, regelmäßig darauf zurückzukommen, denn es sind wichtige Grundlagen, die sich in vielfältiger Weise vertiefen lassen.

Erstellen Sie eine Liste mit Themen: Kreativität, Organisation, Innovation, Regelmäßigkeit, Arbeit etc. Definieren Sie für jedes Thema Ihre Grundlagen und kommen Sie regelmäßig darauf zurück.

WESENTLICHES IST... WESENTLICH.

> BEIM DURCHBLÄTTERN DIESES BUCHES BE-
> SCHLIEßE ICH, FOLGENDE KENNTNISSE UND
> ANREGUNGEN NOCH EINMAL ANZUSCHAUEN:

# VERZEICHNIS DER KAPITEL

*Mit Anregungen zu Querverweisen, um weiterzukommen*

➤ Akzeptieren Sie den anderen, 88; *siehe auch:* Seien Sie anpassungsfähig, 68
➤ Nehmen Sie die Dinge an, 66; *siehe auch:* Akzeptieren Sie den anderen, 88
➤ Aktivieren Sie das Netz Ihrer Kontakte, 94; *siehe auch:* Sagen Sie eher »Ja« statt »Nein«, 42
➤ Handeln sticht heraus, 36; *siehe auch:* Lernen Sie aus Ihren Fehlern, 32
➤ Handeln Sie sofort, 34; *siehe auch:* Leiten Sie Regeln ab,108
➤ Lernen Sie sich selber kennen, 16; *siehe auch:* Mäßigen Sie Ihren Stolz, 82
➤ Lernen Sie aus Ihren Fehlern, 32; *siehe auch:* Unternehmen Sie etwas, 18
➤ Vertreten Sie Wertvorstellungen, 78; *siehe auch:* Bringen Sie Qualität, 48
➤ Streben Sie nach Ausgeglichenheit, 110; *siehe auch:* Kommunizieren Sie, 72
➤ Beginnen Sie bei sich selbst, 14; *siehe auch:* Denken Sie an sich, 52
➤ Kommunizieren Sie, 72; *siehe auch:* Schließen Sie sich zusammen, 92
➤ Leiten Sie Regeln ab, 108; *siehe auch:* Trauen Sie sich was, 60
➤ Fragen Sie um Rat, 56; *siehe auch:* Nutzen Sie das »Treibhaus«, 46
➤ Sehen Sie die Dinge nicht zu eng, 116; *siehe auch:* Lassen Sie los, 74
➤ Sagen Sie eher »Ja« statt »Nein«, 42; *siehe auch:* Bleiben Sie positiv, 64
➤ Geben Sie, 126; *siehe auch:* Trauen Sie sich, Sie selbst zu sein, 76
➤ Hören Sie zu, 54; *siehe auch:* Hinterfragen Sie sich, 80
➤ Unternehmen Sie etwas, 18; *siehe auch:* Handeln Sie sofort, 34

- Wenden Sie sich an Dritte, 106; *siehe auch:* Aktivieren Sie das Netz Ihrer Kontakte, 94
- Bringen Sie Qualität, 48; *siehe auch:* Setzen Sie sich hohe Ziele, 22
- Lassen Sie die Zeit für sich arbeiten, 98; *siehe auch:* Arbeiten Sie beharrlich und konstant, 50
- Setzen Sie sich präzise Ziele, 20; *siehe auch:* Optimieren Sie Ihr Handeln, 38
- Bewahren Sie sich stets einen offenen Geist, 44; *siehe auch:* Fragen Sie um Rat, 56
- Lassen Sie los, 74; *siehe auch:* Kommen Sie auf Ihre Grundlagen zurück, 132
- Speichern Sie möglichst viele Informationen, 112; *siehe auch:* Profitieren Sie von den Lebenszyklen, 104
- Seien Sie Vorbild, 128; *siehe auch:* Achten Sie auf andere, 86
- Optimieren Sie Ihr Handeln, 38; *siehe auch:* Halten Sie durch, 58
- Organisieren Sie sich, 24; *siehe auch:* Nutzen Sie die Macht der Gewohnheit, 102
- Trauen Sie sich, Sie selbst zu sein, 76; *siehe auch:* Lernen Sie sich selber kennen, 16
- Sprechen Sie wenig, aber effektiv, 118; *siehe auch:* Seien Sie schweigsam, 84
- Vernetzen Sie Ihren Bekanntenkreis, 70; *siehe auch:* Seien Sie neugierig, 28
- Denken Sie an sich, 52; *siehe auch:* Seien Sie mit Ihrem Gewissen im Reinen, 90
- Halten Sie durch, 58; *siehe auch:* Organisieren Sie sich, 24
- Stehen Sie wieder auf, 62; *siehe auch:* Nehmen Sie die Dinge an, 66
- Hinterfragen Sie sich, 80; *siehe auch:* Streben Sie nach Ausgeglichenheit, 110
- Erweitern Sie Ihre Grenzen, 30; *siehe auch:* Versuchen Sie es mit dem Ja, 40
- Bleiben Sie positiv, 64; *siehe auch:* Seien Sie dankbar, 130
- Kommen Sie auf Ihre Grundlagen zurück, 132; *siehe auch:* Beginnen Sie bei sich selbst, 14
- Seien Sie anpassungsfähig, 68; *siehe auch:* Seien Sie Vorbild, 128
- Achten Sie auf andere, 86; *siehe auch:* Hören Sie zu, 54
- Trauen Sie sich was, 60; *siehe auch:* Setzen Sie sich präzise Ziele, 20

► Seien Sie neugierig, 28; *siehe auch:* Speichern Sie möglichst viele Informationen, 112

► Seien Sie mit Ihrem Gewissen im Reinen, 90; *siehe auch:* Hegen Sie Wertvorstellungen, 78

► Seien Sie enthusiastisch, 26; *siehe auch:* Stehen Sie wieder auf, 62

► Beherrschen Sie sich, 122; *siehe auch:* Sehen Sie die Dinge nicht zu eng, 116

► Seien Sie geduldig, 114; *siehe auch:* Lassen Sie die Zeit für sich arbeiten, 98

► Seien Sie dankbar, 130; *siehe auch:* Geben Sie, 126

► Mäßigen Sie sich, 120; *siehe auch:* Sprechen Sie wenig, aber effektiv, 118

► Seien Sie schweigsam, 84; *siehe auch:* Seien Sie gemäßigt, 120

► Mäßigen Sie Ihren Stolz, 82; *siehe auch:* Beherrschen Sie sich, 122

► Versuchen Sie es mit dem Ja, 40; *siehe auch:* Seien Sie enthusiastisch, 26

► Profitieren Sie von den Lebenszyklen, 104; *siehe auch:* Seien Sie geduldig, 114

► Geben Sie weiter, 124; *siehe auch:* Nutzen Sie den »Schneeballeffekt«, 100

► Arbeiten Sie beharrlich und konstant, 50; *siehe auch:* Handeln sticht heraus, 36

► Schließen Sie sich zusammen, 92; *siehe auch:* Wenden Sie sich an Dritte, 106

► Nutzen Sie die Macht der Gewohnheit, 102; *siehe auch:* Der Donnerstag, einmal anders betrachtet, 96

► Nutzen Sie das »Treibhaus«, 46; *siehe auch:* Geben Sie weiter, 124

► Nutzen Sie den »Schneeballeffekt«, 100; *siehe auch:* Vernetzen Sie Ihren Bekanntenkreis, 70

► Setzen Sie sich hohe Ziele, 22; *siehe auch:*, Erweitern Sie Ihre Grenzen, 30

► Der Donnerstag, einmal anders betrachtet, 96; *siehe auch:* Bewahren Sie sich stets einen offenen Geist, 44

Vom selben Autor

*L´âme de l´ostéopathie*
*Zachary Comeaux*, mitübersetzt von Pierre Tricot
Éditions Frison-Roche, 2012

Kontakt zum Autor:
emmanuelpiquemal@outlook.fr

Die französische Originalausgabe erschien unter dem Titel
»Booster sa vie« im Verlag Albin Michel im Jahr 2014.
© 2014 Edition Albin Michel Paris

© Verlag Herder GmbH, Freiburg im Breisgau 2017
Alle Rechte vorbehalten
www.herder.de

Umschlaggestaltung: agentur IDee
Umschlagmotiv: pavector / Fotolia

Innengestaltung und Satz: agentur IDee
Herstellung: Graspo CZ, Zlín
Printed in the Czech Republic

ISBN 978-3-451-61397-5